Zum Apotheke[illegible]en-
Kongress 20[illegible]
Viel Freude [illegible]

[illegible]

Sabine Leutheusser-Schnarrenberger
Haltung ist Stärke

Sabine
Leutheusser-
Schnarrenberger

# Haltung ist Stärke

Was auf dem Spiel steht

Unter Mitarbeit von Gunna Wendt

Kösel

Der Kösel-Verlag weist ausdrücklich darauf hin, dass im Text enthaltene externe Links vom Verlag nur bis zum Zeitpunkt der Buchveröffentlichung eingesehen werden konnten. Auf spätere Veränderungen hat der Verlag keinerlei Einfluss. Eine Haftung des Verlags für externe Links ist stets ausgeschlossen.

FSC www.fsc.org MIX Papier aus verantwortungsvollen Quellen FSC® C014496

Verlagsgruppe Random House FSC® N001967


Umschlag: Weiss Werkstatt, München
Umschlagmotiv: Susanne Krauss, Grafing b. München
Satz: Satzwerk Huber, Germering
Druck und Bindung: GGP Media GmbH, Pößneck
Printed in Germany
ISBN 978-3-466-37185-3
www.koesel.de

Dieses Buch ist auch als E-Book erhältlich.

*Für Till und Sara,*
*die in Zukunft unsere Demokratie*
*verteidigen werden.*

# Inhalt

# Prolog

»Frau Leutheusser-Schnarrenberger, Sie sind doch damals aus freien Stücken zurückgetreten – wegen eines Themas, nicht wegen einer Verfehlung oder eines Skandals.« Oft beginnen meine Gespräche mit Bürgerinnen und Bürgern mit diesen Worten. Schließlich waren und sind die meisten Rücktritte von Politikern anders motiviert. »Ich fand es sehr gut, dass Sie damals so konsequent zu Ihrer Haltung gestanden sind«, heißt es weiter, und dann folgt die Frage: »Ja, aber was war damals eigentlich der Grund?«

Im Mittelpunkt des Interesses steht also meistens nicht zuerst das Thema, sondern eine Ministerin, die zurücktritt, weil sie mit der Entscheidung der eigenen Partei nicht einverstanden ist, einer Partei, die Koalitionspartnerin ist und mitregiert. Eine Ministerin, die sich bestimmten Überzeugungen und Werten verpflichtet fühlt, zu diesen steht und nicht um jeden Preis an ihrem Amt klebt – das ist das, was vor allem in Erinnerung geblieben ist. Das ist das, was in der Politik die Ausnahme ist. Das ist das, was die Menschen von Politikern erwarten: standfest und nicht beliebig sein, Haltung und damit Berechenbarkeit bewahren.

Am 14. Dezember 1995 wurde das Ergebnis des Mitgliederentscheids der FDP zum sogenannten Großen Lauschangriff, des ersten Mitgliederentscheids überhaupt in der Geschichte der FDP, bekannt gegeben. Dieser Tag ist für mich heute sehr weit weg, 22 Jahre, und doch zugleich gegenwärtig. Es war ein tiefer Einschnitt in meiner politischen Karriere, die bis dahin sehr steil verlaufen war: 1990 in den ersten gesamtdeutschen Bundestag gewählt, 1992 zur Justizministerin ernannt – ja, und dann 1996 der Rücktritt. Gleichzeitig wird mir bewusst, dass die hinter dem Großen Lauschangriff stehenden politischen Streitpunkte bis heute dieselben geblieben sind: Welchen Stellenwert haben Freiheitsrechte angesichts organisierter krimineller und terroristischer Gefahren? Wie wird das Spannungsfeld zwischen Freiheit und Sicherheit aufgelöst, immer zugunsten der inneren Sicherheit? Und was muss, soll, darf man an Freiheitsrechten für angeblich mehr Sicherheit aufgeben?

Die Mehrheit der Parteimitglieder – die Wahlbeteiligung war mit 43 % gering – befürwortete am 14. Dezember 1995 einen Kurswechsel in der Politik und sprach sich für das elektronische Abhören in Wohnungen aus. Nach der FDP-Präsidiumssitzung, auf der das Ergebnis mitgeteilt wurde, ging ich sofort ins Ministerium und ließ eine Pressekonferenz ansetzen, um meinen Rücktritt anzukündigen. Als ich meine sorgfältig formulierte Rücktrittserklärung als Pressestatement im Ministerium vortrug – vor einem so großen Journalistenaufgebot, wie ich es in meiner gesamten politischen Tätigkeit nicht erlebt hatte –, war ich von der Richtigkeit meiner Entscheidung überzeugt und dennoch emotional sehr bewegt.

Das Ergebnis des Mitgliederentscheids zum Großen Lauschangriff stellte einen Tiefpunkt und Paradigmenwechsel in der Bürgerrechtspolitik der FDP dar. Dieser erste Mitgliederentscheid in der Geschichte der Partei war letztendlich als Instrument eigens dazu eingeführt worden, ein Streitthema in der CDU/CSU/FDP-Koalition abzuräumen, um sich öffentlichkeitswirksam wieder angeblich wichtigeren, die Bürgerinnen und Bürger stärker interessierenden Themen zuwenden zu können. Eine Fehleinschätzung, wenn man an das Wahlergebnis 1998 denkt, mit dem das Ende der 16-jährigen Kanzlerschaft Helmut Kohls und der Koalitionsregierung besiegelt wurde.

### Berechenbarkeit als oberstes Gebot

Auch wenn mich diese Entscheidung sehr beschäftigt und berührt hat, habe ich an meiner eigenen Haltung nie, zu keinem Zeitpunkt gezweifelt. Inhaltlich bin ich mit mir immer im Reinen gewesen.

Ich bin seitdem erst recht überzeugt davon, dass das Verhalten eines Politikers in der inhaltlichen Ausrichtung berechenbar sein muss. Nur dann kann das Vertrauen der Bürgerinnen und Bürger in Politiker und damit auch in die Politik gewonnen werden. Das bedeutet für mich konkret, meine eigene Haltung zu leben, nicht für einen billigen Deal aufzugeben, meine Wertüberzeugungen zu vermitteln und zu ihnen zu stehen – gerade in kritischen Situationen. Gerade dann, wenn die zu einer Demokratie gehörenden Auseinandersetzungen um die richtigen Antworten auf Gefährdungen und Veränderungen geführt und dabei unterschiedliche Interessen beachtet werden müssen.

Politiker, die ständig lavieren, taktieren, biegsam ihre Meinung den jeweiligen Gegebenheiten anpassen und dafür auch immer wieder neue Gründe, eine Begründung finden, kappen die notwendige Bindung zwischen Bürgern und Politikern. Ohne sie geht jedoch die unverzichtbare Basis für unsere Demokratie – immerhin bei allen Mängeln die beste Regierungsform, die es gibt und für die wir immer wieder einstehen und kämpfen müssen – verloren.

### Freiheit ist nicht selbstverständlich

Gerade heute steht so viel auf dem Spiel. Die Freiheit wird als selbstverständlich konsumiert, aber nicht bewusst gelebt und nicht wirklich wertgeschätzt. Angst greift nach jüngsten Umfragen zunehmend in der Bevölkerung um sich und verändert damit das Wertesystem. Mehr Sicherheit vor jeder Form von Gefahren und eine damit verbundene Erwartungshaltung an den Staat gehen einher mit der nicht immer klar ausgesprochenen Haltung, dass die Freiheit ja sowieso gegeben sei und eben später wieder priorisiert werden könne. Dass einmal verloren gegangene Freiheitsentfaltung und Freiheitsrechte auch in späteren sonnigen Zeiten nicht wieder hergestellt werden, lehrt die Geschichte. Denken wir nur an die Notstandsgesetzgebung und die rechtsstaatlichen Einschränkungen nach dem RAF-Terror.

Nachdem ich meinen Rücktritt bekannt gegeben hatte, galt es noch einiges durchzustehen, bis die Amtsübergabe an meinen Nachfolger stattfand. Als ich im Januar 1996 die Entlassungsurkunde von Bundespräsident Richard von Weizsäcker erhielt, war das ein weiterer unvergesslicher hochemotionaler Moment. Aber es gab für mich nie einen Zeitpunkt, an dem ich fürchtete, in ein tiefes Loch zu fallen, aus dem ich nicht mehr herausfinden würde. Damals hätte ich mir natürlich nicht träumen lassen, dass mich meine Partei 13 Jahre später noch einmal fragen würde, ob ich Bundesjustizministerin werden wollte. Und erst recht nicht, dass ich einmal als erste und einzige Ministerin in der Geschichte der Bundesrepublik nach meinem Rücktritt wieder das gleiche Amt bekleiden würde.

# Selbstverständlich politisch

## Eine Familie mit Standpunkten

Politikerin bereits mit der Muttermilch? Nein, so eine Frühberufene bin ich nicht. Ich habe auch nicht schon in jungen Jahren gedanklich an Ministertüren gerüttelt und sowieso alles besser als die Politiker gewusst. Aber unpolitisch war ich auch nicht. Ich stamme aus einem sehr politischen Elternhaus. Mein Vater, Dr. Horst Leutheusser, ein engagierter Rechtsanwalt und Notar, war als CDU-Kommunalpolitiker in meiner Heimatstadt Minden aktiv. Er war dort Mitglied im Stadtrat, eine Zeit lang Stellvertreter eines sozialdemokratischen Bürgermeisters und hat sich mit ihm zum Wohle der Stadt gut verstanden. Deshalb sind wir – meine beiden Schwestern und ich – schon sehr früh mit praktischer Politik in Berührung gekommen. Als Kinder haben wir im Kommunalwahlkampf die Wahlbriefe meines Vaters eingetütet. Damals noch mit ganz einfachen Methoden, das war ja in den 1960er-Jahren. Ich weiß es noch wie heute – das vergesse ich nie –, wie wir mit Weizenkleie die Briefe zugeklebt haben. Meine Mutter hatte den Klebstoff angerührt und dann saßen wir abends zu viert um den Esstisch herum: meine beiden Schwestern, meine Mutter und ich. Wir falteten die

Briefbögen, steckten sie in die Umschläge, klebten sie zu und brachten sie zur Post. Auf diese Weise waren wir schon früh direkt am Kommunalwahlkampf beteiligt. Und ich hatte früh gelernt, dass die direkte Ansprache die beste ist, denn die Briefe waren persönlich unterschrieben und adressiert, keine Massenwurfsendung.

Meine Mutter, meine Schwestern Ruth und Christa und ich (v.l.n.r.), 1956

Politik spielte also bereits in meiner Jugend eine selbstverständliche Rolle. Klar, dass bei uns zu Hause viele politische Gespräche geführt wurden. Mein Vater war sehr darauf bedacht, uns mit aktuellen politischen Themen zu konfrontieren. Da er beruflich stark eingespannt war, geschah das meistens sonntags beim Frühstück oder beim Mittagessen. Zunächst einmal ging es natürlich um das Kommunale, was mich und wohl generell junge Menschen nicht gerade fasziniert hat. Aber ob die Schule umgebaut, der Schulhof verkleinert, das öffentliche Schwimmbad renoviert wird oder ob es ein neues Verkehrsmittel zur Schule gibt, sodass man nicht mehr lange Strecken zu Fuß zurücklegen muss, das sind natürlich Dinge, die nicht ganz ohne Belang sind und dann irgendwann zwangsläufig doch interessant werden. Seit über 12 Jahren bin ich engagierte Kommunalpolitikerin im Kreistag in Starnberg.

Mein Vater war begeisterter FAZ-Leser. Auf der Titelseite – das hat sich bis heute nicht geändert – gibt es die Kommentare zu den aktuellen Ereignissen, hintergründig und pointiert. Diese interessierten ihn am meisten, und die wollte er mit uns besprechen. Da war ich ungefähr 15 und meine ältere Schwester 17 – also in einem Alter, in dem man selbst Zeitung liest, Radio hört, die Nachrichten im Fernsehen anschaut und in der Schule über Politik redet. Meinem Vater war es ein großes Anliegen, politische Themen aufzuwerfen, zu diskutieren und mit Hintergrundwissen zu versehen. »Postfaktisch« wäre für ihn nie vorstellbar gewesen. Natürlich dominierte er die Diskussion, denn er hatte durch intensives Zeitungsstudium, Buchlektüre und viel Erfahrung fundiertes Wissen. Wir hatten naturgemäß in diesem Alter eine gewisse innere Abwehrhaltung. Ich kann mich daran erinnern, dass er die Gespräche immer dozierend begann – er wusste einfach sehr viel. Wenn wir dann widersprachen oder nachfragten, beharrte er jedoch nicht stur auf seinem Standpunkt, sondern ließ sich auf uns ein und fragte nach, warum wir etwas so oder so sahen. Es war also keineswegs der Fall, dass er uns nur belehrte, im Gegenteil: Er forderte uns, ließ uns nicht in Ruhe, sondern verlangte Begründungen. Er wollte wissen, was und wie wir dachten. Mit Schweigen oder Ausweichen gab er sich nicht zufrieden. Wir sollten uns äußern und lernen, unsere Meinung auch in der Kontroverse nachhaltig zu vertreten. Dazu provozierte er uns regelrecht.

Insofern waren diese ein, zwei Stunden zu Hause beim sonntäglichen Frühstück oder Mittagessen für uns zwar nicht immer eine Freude, aber wir spürten, dass sie wichtig waren. Und vor allem, dass wir ihm wichtig waren. Wir lernten etwas dazu und wir wurden ernst genommen, manchmal auch angeregt, uns mit dem betreffenden Themenkomplex näher zu befassen. Aber selbst wenn das nicht der Fall war, versetzten uns die Diskussionen doch in die Lage, Dinge anders wahrzunehmen und den Blick zu erweitern. Das ging uns allen dreien so.

Aber um die Idylle nicht zu überzeichnen: Manchmal hat uns der Polittalk auch gelangweilt. Viel mehr hat uns beschäftigt, wie lange wir abends mit unseren jeweiligen Freundinnen und Freunden wegbleiben konnten.

Mein Vater hatte unbestritten ein großes Sendungsbewusstsein. Letztlich wollte er uns Kinder wohl von seinen eher konservativen Auffassungen überzeugen, aber eben mit Argumenten, nicht autoritär. Ihm und den Gesprächen zu Hause am Esstisch verdanke ich das frühe Interesse für Politik und die Lust, sich kämpferisch für die Sache einzusetzen, aber bestimmt hat damals niemand – weder er noch ich – daran gedacht, dass daraus einmal eine Phase von 23 Jahren aktiver Politik für mich werden würde.

### Familientradition Jura

Für eines hat mich mein Vater aber früh begeistern können, das meinen gesamten Berufsweg und auch viele Weichenstellungen in der Berufspolitik geprägt hat: Er hat mich mit seiner Begeisterung für die Juristerei angesteckt. Da haben die familiären »Juristengene« durchgeschlagen. Mein Vater stammte aus Gotha in Thüringen und wurde nach seinem Jurastudium in Prag und Würzburg Rechtsanwalt und Notar in Minden. Sein Vater, mein Großvater, war auch Jurist in Gotha und Landrat. Mein Urgroßvater und mein Ururgroßvater waren ebenfalls Juristen – in unserer Familie herrscht also eine lange juristische Tradition: Ich bin jetzt in der fünften Generation Juristin.

Mein Urgroßvater, der 1945 in Weimar verstorbene Geheime Reichsrat und Staatsminister Dr. Richard Leutheusser, war Mitbegründer der Deutschen Volkspartei (DVP) und deren Abgeordneter im Weimarer Reichstag. Das war die Partei, die 1918 unter der Führung Gustav Stresemanns aus der nationalliberalen Partei des Kaiserreichs hervorging und die der Republik und ihrer Verfassung zunächst skeptisch bis ablehnend gegenüberstand. Später war sie dann ein wichtiges Mitglied der Weimarer Koalition unter sozialdemokratischer Führung. Doch im Zuge der Weltwirtschaftskrise wurde sie Ende der 1920er-Jahre schließlich bedeutungslos.

In meiner Familie wurde berichtet, mein Urgroßvater habe sich besonders für das Jugendstrafrecht und die Humanisierung des Jugendstrafvollzugs eingesetzt. Er betonte die Bedeutung der familiären Erziehung als Präventionselement. Leider weiß ich nur sehr wenig über ihn, eben nur das, was zu den innerfamiliären Erzählungen gehört. Sein Sohn, mein Großvater Dr. Louis Leutheusser, der mir hätte mehr berichten können, verstarb 1964. Damals war ich noch zu sehr mit mir selbst beschäftigt, zu jung und uninteressiert an der Familiengeschichte. Das bedaure ich heute manchmal, hätte er mir doch viel Erlebtes aus der damaligen Zeit berichten können. Geschichte durch einen Zeitzeugen gegenwärtig zu machen, kann prägender sein als Geschichtslektüre.

Mein Großvater gehörte zwar keiner Partei an, verstand sich aber als hochpolitischer Mensch. Als Verwaltungsjurist in der Weimarer Zeit war er zuerst Regierungsrat, dann Landrat in Gotha. 1933, nach der Machtergreifung Hitlers, wurde er in den sofortigen Ruhestand versetzt, weil er die vom Thüringischen Innenminister angeordnete Amtsenthebung aller sozialdemokratischen Bürgermeister öffentlich in einem Rundschreiben missbilligte und sich für deren gute Arbeit und Zusammenarbeit bedankte. Als er sich später auch noch weigerte, Mitglied des Nationalsozialistischen Versorgungswerks (NSV) zu werden, wurde er 1935 von der Thüringischen Regierung als »nationale Unzuverlässigkeit« und »gegen die Regierung Adolf Hitlers gerichtet« beurteilt, was zur sofortigen Entlassung aus dem Staatsdienst führte. Damit verbunden war der Verlust erworbener Pensionsansprüche und Arbeitslosigkeit. Doch 1939, als der Krieg begann, besann man sich seiner Erfahrung als Verwaltungsfachmann und verpflichtete ihn zum Dienst im Wehrbezirkskommando Gotha. Er war damals 62 Jahre alt und versah diesen Dienst bis zum Kriegsende. Nach dem Krieg als politisch Verfolgter anerkannt und rehabilitiert, setzte ihn die amerikanische Besatzungsmacht wieder in der Verwaltung Gothas ein.

Mit dieser politischen Haltung ist er für mich ein Vorbild. Ich habe ihn nur leider als junges Mädchen nicht so wahrgenommen. Da war er der ebenso strenge wie faire, gutmütige, zurückhaltende und – wie sein Lebensweg zeigt – bis ins hohe Alter gradlinige und zu sich stehende Großvater, aber nicht der Staatsbeamte, der seine Verpflichtung in dem Dienst am Staat sah und für den Staatsdienst kein Parteidienst war.

Er zog 1954 mit seiner Frau nach Minden, die beiden wohnten später bei uns nebenan. Heute geht mir immer mal wieder durch den Kopf, wie er sich damals gefühlt haben mag: Er war als Landrat eine Zeit lang eine wichtige Persönlichkeit im gesellschaftlichen Leben Gothas gewesen und dann der tiefe Absturz. Das muss ihn schwer getroffen, sein Ehrgefühl und sein Verständnis von einer parteifernen, neutralen Verwaltung verletzt haben. Als Kind hab ich ihn und seine Frau, meine Großmutter, einfach als Großeltern und Teil der Familie erlebt. Sie kamen fast jeden Sonntag zu uns zum Kaffeetrinken oder zum Abendessen. Ich erinnere mich gut daran, dass mein Großvater in unseren Gesprächen immer eine ganz eigene Sichtweise hatte, nachdenklich, nachfragend, große Zusammenhänge herstellend. Es war jedes Mal ein anderer, ein überraschender Blick auf das, worüber wir sprachen. Das hat mich beeindruckt. Nachhaltig.

### CDU, SPD, FDP, Grüne: alles in einer Familie

Es gibt aber noch mehr politikausübende Menschen in meiner Familie: Dr. Wolfgang Stammberger war der Schwiegersohn meiner Großtante väterlicherseits, also der angeheiratete Cousin meines Vaters. Er war seit Kriegsende Mitglied der bayerischen FDP, Mitbegründer und von 1946 bis 1948 Vorsitzender der bayerischen Jungdemokraten, der FDP-Jugendorganisation. Ab 1953 saß er als Abgeordneter im Bundestag und ab Herbst 1961 übte er für eine relativ kurze, aber politisch brisante Zeit das Amt des Bundesministers der Justiz im vierten und letzten Kabinett der Regierung des Kanzlers Konrad Adenauer aus. Nach nur neunmonatiger Amtszeit trat er im November 1962 in Zusammenhang mit der »Spiegel-Affäre« zurück, die der damalige Verteidigungsminister Franz-Josef Strauß ausgelöst hatte. Wolfgang Stammberger stand seinem Kabinettskollegen Strauß und dessen Verstrickungen in die Affären um die Beschaffung von Schützenpanzern – vorsichtig gesagt – kritisch gegenüber. Dazu kam, dass Strauß ihn damals – seine Rechte als Justizressortchef verletzend – übergangen hatte.

Kurze Zeit nach seinem Rücktritt, im Juni 1964, verließ Wolfgang Stammberger die FDP und trat in die Coburger SPD ein. Von 1970 bis 1978 bekleidete er in seiner Heimatstadt das Amt des Oberbürgermeisters. Hier sehe ich eine gewisse Parallele zur Laufbahn meines Vaters. Er war ja auch Jurist und als Gründungsmitglied der CDU einige Jahre Stellvertretender Bürgermeister in der traditionell sozialdemokratisch regierten westfälischen Kleinstadt Minden.

Wenn ich dann weiter an einen jüngeren Cousin meines Vaters denke, an Helmut Leutheusser, ausnahmsweise kein Jurist, sondern Kaufmann und viele Jahre engagiertes Mitglied der bayerischen FDP, Kandidat für viele Mandate und gewählter Bürgermeister der kleinen Gemeinde Weißenbrunn in Oberfranken – dann ist die Einschätzung, aus einer politischen Familie zu stammen, doch ganz zutreffend und eine gewisse politische Affinität nicht von der Hand zu weisen. Aber nicht in dem Sinne, dass ich die Berufung oder den Ruf zur Parlamentarierin im Landtag oder Bundestag schon immer in mir gespürt hätte. Für mich stand mein Studium ganz klar im Vordergrund. Nach dem Abitur 1970 am Caroline-von-Humboldt-Gymnasium in Minden habe ich in Göttingen und Bielefeld Rechtswissenschaft studiert, 1978 mein zweites Staatsexamen abgelegt und bin kurz vorher in die FDP eingetreten. Da war ich 27.

Es war zwar nicht die Partei meines Vaters, aber das breite Spektrum an politischen Einstellungen in unserer Familie hat ihm dennoch behagt. Meine ältere Schwester war Mitglied der SPD, meine jüngere sympathisierte mit den Grünen, ich trat in die FDP ein. Wir haben unsere eigenen Haltungen entwickelt, und das hat meinem Vater gefallen, auch wenn er sich das aus seiner Sicht notwendige konservative Element in unserer Gesellschaft – zu dem unter anderem die Beibehaltung der Bundeswehr, das Abtreibungsverbot gehören – auch künftig in seiner Familie vertreten gewünscht hätte.

Später, als ich Ministerin war, hat mein Vater eine besondere Form der kommentierenden Stellungnahme zu der von mir vertretenen Rechts- und Justizpolitik gewählt: Er hat kritische Leserbriefe in der FAZ geschrieben zu Entscheidungen, die ich als Ministerin getroffen habe, mit denen er nicht einverstanden war. Nicht häufig, aber zu einzelnen Themen. Obwohl er stolz war auf seine Tochter, ließ er sich das öffentliche Kundtun der eigenen Meinung nicht nehmen. Das Abtreibungsrecht war so ein Thema, denn er war gegen die Fristenregelung und damit Teillegalisierung. Das andere Thema war die Bundeswehr und alles, was mit ihr zusammenhing. Er war der Meinung, jeder müsse dem Staat gegenüber eine Leistung erbringen, der Wehrdienst sei wichtig und das System der Bundeswehr funktioniere gut. Er sympathisierte deshalb auch mit einem sozialen Jahr. Außerdem hat er sich über die Bundesverfassungsgerichtsurteile zu dem Tucholsky-Zitat »Soldaten sind Mörder« geäußert, das, als Zitat verwandt, unter das Recht auf allgemeine Meinungsfreiheit fiel – gerade mit Blick auf die Rolle der Bundeswehr hat ihn das verärgert.

Er hat keinen Hehl daraus gemacht, dass er einigen Auffassungen der damaligen Justizministerin von 1992 bis 1996, also seiner eigenen Tochter, kritisch gegenüberstand. Er hat mir zwar seine Kommentare angekündigt, angenehm waren sie mir nicht. Das musste ja nun wirklich nicht sein. Für manch politischen Konkurrenten waren sie ein willkommener Anlass, zu lästern nach dem Motto: »Wenn Sie noch nicht mal den eigenen Vater überzeugen können …« Heute bin ich rückblickend milder in meiner Bewertung und kann die damaligen Befindlichkeiten nachvollziehen, zeigen sie doch sehr gut den Spannungsbogen und das Spektrum an Standpunkten in meiner Familie, und damit auch die Bandbreite der Auffassungen in der damaligen Gesellschaft.

## Über sich selbst lachen

So ernst konnte die tägliche Situation gar nicht sein, dass in meiner Familie nicht auch viel gelacht wurde. Meine Mutter war ein fröhlicher Mensch, gesellig, mit einer optimistischen Grundeinstellung und der Fähigkeit, mit ihrer herzlichen Art die Menschen für sich einzunehmen. Sie brachte Lebendigkeit und Leben in den großen Leutheusser-Haushalt, Gäste waren herzlich willkommen, Freundinnen und später auch Freunde feierten gern bei uns. Sie kochte exzellent, war eine hervorragende Gastgeberin und außerdem dichterisch begabt, was sie bei verschiedenen Anlässen im Familien- und

Freundeskreis unter Beweis stellte. Sie dichtete zu Geburtstagen, Hochzeiten, Jubiläen, und das sehr gekonnt und humorvoll – nicht nach dem Motto: Reim dich oder ich fress dich! Vielleicht habe ich von ihr das Interesse und die Faszination für das Kabarett geerbt. So sehr, dass ich mir eine Zeit lang sogar vorstellen konnte, es intensiver, ja vielleicht auch professionell zu betreiben.

### Vom Kabarett in Minden zum »Kabarett« in Bonn

Ende der 1960er-/Anfang der 1970er-Jahre bekam ich die Gelegenheit, Mitglied der Mindener Stichlinge, des ältesten Amateurkabaretts in Deutschland, zu werden. 1966 gegründet entwickelten die Stichlinge, damals als ganz junge Truppe, ihre eigenen Formen des Protests. Birger Hausmann, der Spiritus Rector dieses regionalen Kabaretts, griff in erster Linie lokale Themen und Ereignisse auf. Lokale Possen gab und gibt es ja zu allen Zeiten genug. Überdies hatte er von Anfang an einen ausgeprägten politischen Anspruch – damals hätte man wahrscheinlich gesagt, er war ein bisschen Linker, heute würde man sagen, er gehört mitten in die Gesellschaft. Als ich ihn kennenlernte, Ende der 1960er-Jahre, sprach er mich an, fragte, ob ich Lust hätte, bei ihnen mitzumachen, und ich sagte sofort Ja. Leider war meine aktive Stichlings-Zeit nur relativ kurz, da ich Minden wegen des Studiums in Göttingen verließ.

Humor hat man, Kabarett lernt man. Beides hilft in der Politik und im alltäglichen Zusammenleben. Ich empfand das Kabarett in jeder Hinsicht als Bereicherung. Fähigkeiten zu entwickeln, die in der Schule nicht gefragt waren, negative Erlebnisse ironisch aufzuspießen und zu verarbeiten, kritisch, aber nicht verletzend zu sein und sich in ein Team einzufügen – das hat mich selbstständiger und selbstbewusster werden lassen.

Das Kabarett bot mehrere Dinge, die ich mochte: zusammen mit anderen etwas erarbeiten, Rollen einstudieren, Themen zuspitzen, durch Übertreibung zu Erkenntnissen zu kommen. Es gefiel mir sehr gut, damals in meinem vorberufspolitischen Leben nach meiner gerade beendeten Schulzeit. Ich war zwar keine Hauptakteurin, aber das Kabarett hat mein Interesse an Politik eindeutig befördert, und ich bin überzeugt, dass mir diese Erfahrung später zugutegekommen ist. Auch wenn ich während meiner Zeit als Berufspolitikerin nicht als Kabarettistin aufgetreten bin, war ich als Zuhörerin und Zuschauerin eine treue Begleiterin der Stichlinge bis vor Kurzem zu ihrem 50. Jubiläum.

Die Mindener Stichlinge waren in ihren Anfängen nicht so etabliert, dass sie die Stadtpolitiker oder auch die damaligen Landes- und Bundespolitiker in Verlegenheit bringen konnten. Es war beileibe nicht so, dass diese in größter Sorge waren und überlegten, wie sie – heute würde man sagen, mit einem Tweet – auf die Sticheleien reagieren sollten. So weit ging es nicht, aber trotzdem war die CDU damals nicht glücklich mit unserem Kabarett. Wir waren eben stichelig und setzten immer wieder kleine, aber feine und wirksame Pointen. Ich habe leider nur in wenigen Aufführungen mitgewirkt, marginale Auftritte gehabt und keine Hauptrolle gespielt. Damals war der Rahmen noch so klein und die Räumlichkeiten im Jugendzentrum begrenzt.

Heute denke ich oft, dass es zwischen Kabarett und Politik einige Gemeinsamkeiten gibt. Kabarettisten bringen – wie Politiker es sollten – die Dinge auf den Punkt, überspitzen sie und schaffen damit auch Realität. Dieser Realitätsbezug tut Politikern gut, fehlt aber manchmal. Politik liefert dem Kabarett sehr viele Vorlagen. Manchmal empfinde ich Politik selbst als Kabarett – ungewollt: Da gibt es Aussagen und Forderungen, die man nicht ernst nehmen kann, sondern die eher die Frage aufwerfen: Wo bitte ist hier der Realitätsbezug? Ich erinnere mich noch an die Forderung eines Bundestagsabgeordneten, dass die Bundesregierung Mallorca kaufen sollte. Das wäre einem Kabarettisten nicht eingefallen.

Jedenfalls möchte ich die Zeit bei den Mindener Stichlingen auf keinen Fall missen, auch wenn ich mich letztendlich für das professionelle politische »Kabarett« in Bonn und später in Berlin entschieden habe. Die Grundeinstellung, die politische Verantwortung sehr ernst, aber nicht alles in der Politik ernst zu nehmen, habe ich mir als Amateurkabarettistin angeeignet.

### Zukunftsvision: »die Gemeinschaft aller fröhlich' Narren«

Am Rosenmontag 2016 wurde mir der Kitzinger Schlappmaulorden verliehen – eine Ehrung, die die Kitzinger Karnevalsgesellschaft seit 1989 vornimmt und die mich besonders gefreut hat. Vom Elferrat des Vereins ausgezeichnet werden Personen der Zeitgeschichte, die mit einer »gar trefflich lockeren Zunge« ein »schlagkräftiges Wort zu führen« verstehen. Unter den bisherigen Preisträgern befinden sich eine Reihe von Politikern, zum Beispiel Hans-Dietrich Genscher, Helmut Kohl, Gregor Gysi und Claudia Roth. In meiner Rede zur Verleihung des Schlappmaulordens fragte ich mich zuerst, womit ich die Auszeichnung verdient hätte:

»Warum, so frag' ich mich in vollem Ernst, / bin gerade ich zum Schlappmaul auserkoren? / Ist es Ehre oder war es Posse, / mich dieses Ordens würdig zu befinden?«

Es bot sich die Gelegenheit, mit kabarettistischen Spitzen auf aktuelle brennende Probleme und auf eine unverantwortliche Politik zu zielen, die mehr und mehr die Konsequenzen ihrer Handlungsweise außer Acht zu lassen scheint. Denn wie Ängste geschürt werden und die Bevölkerung derartig verunsichert wird, dass sie meint, sich selbst schützen zu müssen, ist unverantwortlich:

»Die Bürger, sie rüsten jetzt selber auf, / mit Sprays, mit Waffen aller Art. / Genau das aber, liebes Narrenvolk, / ist gewiss nicht das, was wir gewollt.

Wir wollen unsere Freiheit leben, / frei von Terror, Angst und Krieg. / Wir wollen keinen Staatstrojaner, / der alles, aber auch alles, / über uns dem Staat im Staate gibt.«

Meine Schlappmaulrede geriet zum Plädoyer für ausgelassenes Feiern, Tanzen, Singen und zur Absage an bigotte Prüderie und Hassprediger aller Couleur. Statt Einübung in deutsche Leitkultur lieber Vertrauen in Lachen und Humor. Zum Schluss entwickelte ich meine Utopie, die an Lessing anknüpft – in (Vers-)Form und Inhalt:

»Mag eines nicht mehr allzu fernen Tages / die Gemeinschaft aller fröhlich' Narren / einvernehmlich sich zusammensetzen / aus Atheisten sowie aus Christen, / aus Juden und auch aus den Muslimen.«

Es wäre hilfreich, wenn jeder Politiker über die Reflexionsfähigkeit verfügen würde, die ein Kabarettist braucht. Kritikfähig zu sein, sich mit anderen Positionen auseinanderzusetzen und nicht immer gleich in die Rolle der beleidigten Leberwurst zu verfallen, fördert den Diskurs.

Kabarett vermag hervorragend Absurditäten klar sichtbar zu machen, zum Beispiel die Symbolpolitik, die dem Bürger oftmals etwas vormacht – nach dem Motto »Hauptsache es entsteht der Eindruck der Handlungsfähigkeit, auch wenn die angekündigte Wirkung nicht eintritt«. Wer kann das besser entlarven als das Kabarett!

Oft höre ich Klagen über die Humorlosigkeit der Politiker. Ich habe das in meiner Amtszeit jedoch anders erlebt: Angela Merkel hat beispielsweise einen sehr feinen Humor. Sie kann andere Politiker hervorragend imitieren, was sie allerdings nur im kleinsten Kreise tut. Sie würde niemals etwas tun oder sagen, was andere Politiker in der Öffentlichkeit beleidigen oder bloßstellen würde. Das ist nicht ihr Stil. Ich habe es erlebt, wie sie mit subtilem Humor auf Fehler hingewiesen hat, sodass der oder die Betroffene die Chance hatte, die Kritik positiv anzunehmen. Kein öffentlicher Tadel in tiefernster Atmosphäre, sondern eine ganz besondere Art, jemandem einen Spiegel vorzuhalten, sodass dieser seinen Fehler zugeben kann, ohne sein Gesicht zu verlieren.

## Begeisterung statt Berufung

Zum Ende meiner Schulzeit in Minden am Caroline-von-Humboldt-Gymnasium habe ich meinen Mann, Ernst Schnarrenberger, kennengelernt. Er gehörte zum Freundeskreis des Bruders einer Schulkameradin, mit der ich bis zum Abitur, also 1970, engeren Kontakt hatte. Ernst ging wie die meisten seiner Freunde auf eine Privatschule bei Bielefeld und machte ein externes Abitur an einem Bielefelder Gymnasium. Wir haben öfter in größerer Runde zusammen gefeiert. »Gefunkt« hat es dann nach dem Abitur bei einem Ausflug nach Wangerooge.

Als ich an der Georg-August-Universität in Göttingen mein Jura-Studium begann – meine ältere Schwester Ruth studierte dort bereits Englisch und Deutsch als Lehrfach – ging er als Volontär zum Bielefelder Westfalen Blatt.

## Lieben, feiern, jobben, studieren

Da wir beide ein Auto besaßen – meins war ein alter VW-Käfer – haben wir uns auch in der Woche wechselseitig besucht. Damals gab es noch bis November 1973 den Kuppelei-Paragrafen, der Vermietern, die mit Vermietung ihrer Zimmer außereheliche sexuelle Handlungen förderten, mit Bestrafung drohte. Es galt wirklich noch der Schutz der öffentlichen Sittlichkeit als wichtiges Rechtsgut. Ich bin nie nach Papieren gefragt worden, die Realität hatte sich längst weit von den sittlichen Gesetzesvorgaben entfernt. Der tägliche Gesetzesverstoß war die Regel. Intensiv studieren und intensiv feiern – das ging gut. Wir feierten mit unserer festen Clique tagelang und heftig auf dem Dach der Welt, einer privaten Wohnung mit großer Dachterrasse. Und der Nörgelbuff in Göttingen war eine Zeit lang unser Zuhause. Schmalzbrote, Soleier, Bier vom Fass und Kleinkunst. Für einige Mark gab es unter anderem Hannes Wader und super Stimmung.

Nach einem Jahr wechselte ich nach Bielefeld an die neue, 1969 gegründete Universität – dort gehörte ich einem der ersten Studiengänge überhaupt an. Ernst und ich sind dann zusammen in eine Studentenbude gezogen. In den Semesterferien habe ich immer gejobbt, unter anderem auch als Korrekturleserin bei »seiner« Zeitung, dem Westfalen Blatt. Damals gab es ja noch Bleidruck und die letzten Fahnen mussten auf Druckfehler durchgesehen werden. Es war eine für damalige Verhältnisse überaus gut bezahlte Tätigkeit, gerade wegen der Arbeitszeiten: Bis Mitternacht und auch am Wochenende wurde im Verlag gearbeitet.

Diese auf das Korrigieren von Druckfehlern ausgerichtete Tätigkeit prägt mich beim Zeitungslesen bis heute. Ich überlese kaum einen Schreibfehler, kann mich über ihre Häufung richtig aufregen und werde deshalb auch immer altmodisch bei E-Mails auf Groß- und Kleinschreibung, Interpunktion und richtige Schreibweise achten. Die schöne Vielfalt der Sprache darf nicht der schnell hingeworfenen Nachricht mit der bloßen Aneinanderreihung von Buchstaben geopfert werden. Sonst kann man ja gleich zur Verwendung von Abkürzungen übergehen.

1975 habe ich das Erste und drei Jahre später, 1978, dann das Zweite Juristische Staatsexamen abgelegt. Weder das Feiern noch das Jobben oder das zeitweise intensive Skatspielen haben meine Studienzeit über den damaligen Durchschnitt hinaus verlängert. Dazwischen, 1976, haben wir geheiratet. 1977 ging mein Mann beruflich nach München und war zuerst beim Bauer Verlag und später als freiberuflicher Journalist tätig. Sein Büro hatte er dann in Tutzing am Starnberger See und dort richtete ich mir dann auch mein Wahlkreisbüro ein – das ist bis heute mein Büro. Ich folgte ihm nach Bayern nach dem Zweiten Staatsexamen, trat eine Stelle als Juristin im Deutschen Patent- und Markenamt an, wo ich bis 1990 beschäftigt war, zuletzt als Leitende Regierungsdirektorin.

Mein Mann war sehr kreativ, freiheitsliebend, unkonventionell und großer Hundefan. Wenn irgend möglich, nahm er unseren Hund mit in die Redaktionen, selbstverständlich in sein Büro in Tutzing. Was uns neben vielem anderen ver-

Mit meinem Mann Ernst Schnarrenberger

band, war die Liebe zur Musik. Im Gegensatz zu mir war er jedoch ein sehr guter Pianist. Besonders liebte er Barockmusik; für Opern und dann noch für Richard Wagners Tannhäuser, meine Lieblingsoper, konnte ich ihn nicht begeistern. Er war ein begeisterter und exzellenter Koch, mit der neugierigen Neigung zur Improvisation. Es gab für ihn keine Lebensmittel, aus denen nicht noch etwas zubereitet werden konnte. Sein Prinzip war, sorgsam damit umzugehen und das Wegwerfen zu vermeiden. Überhaupt ergänzten wir uns sehr gut, auch darin, jedem den Freiraum für den eigenen Beruf und die eigenen Aktivitäten zu lassen. Aus Überzeugung und weil er es gut fand, dass ich mich politisch engagierte, hat er mir immer den Rücken frei gehalten. Als ein Mensch, der vom Vereinsleben, welcher Art auch immer, nicht viel, eigentlich gar nichts hielt, ist er ausschließlich wegen des Mitgliederentscheids zum Großen Lauschangriff in die FDP eingetreten, weil er uneingeschränkt meiner Meinung war und meinen Rücktritt absolut richtig fand. Er war ein freiheitsliebender Individualist und er hat mich gestärkt und unterstützt, aber Parteiarbeit war überhaupt nicht seine Sache. Seine Überzeugungen lassen sich in Stichworten nennen: So viel Freiheit wie möglich, weg mit jeglicher übermäßigen Einengung und Bevormundung, die Verantwortung des Einzelnen stärken und die Freiheit der Presse und Medien in jeglicher Form als wichtige Kontrolle verteidigen. Er ist 2006 nach kurzer Krebserkrankung gestorben.

### Weshalb FDP?

Dass ich in die FDP eingetreten bin, dafür war vor allem Werner Maihofer verantwortlich. Er war damals einer ihrer Vordenker und verkörperte für mich, zusammen mit Walter Scheel, Hildegard Hamm-Brücher und Ralf Dahrendorf, die Partei, zu der ich mich zugehörig fühlte: eine liberale Partei des Aufbruchs, der politischen Avantgarde, des Fortschritts und der Offenheit für neue Entwicklungen wie damals den Umwelt- und Datenschutz. Eine Partei der sozialen Verantwortung und der wirtschaftlichen Vernunft, die sich nicht ein falsches Etikett der Ausgrenzung und der Ellenbogenmentalität aufdrücken lässt. Eine Partei, die Menschenrechte in der Außen- und Innenpolitik vertritt. Eine Partei mit intellektuellem Anspruch und dem notwendigen Quantum Pragmatismus. Eine eigenständige Partei eben, die fesselt, fasziniert und eine Vision von einer lebenswerten Zukunft unserer Gesellschaft hat. Mit prägend waren auch Kommilitoninnen und Kommilitonen, die schon FDP-affin waren. Ausschlaggebend war für mich die Faszination der gelebten Freiheit in einer pluralen, kulturell vielfältigen Gesellschaft. Eine Freiheit, die natürlich nicht grenzenlos ist, aber für den Andersdenkenden genauso gilt, auch wenn es subjektiv wehtut. Gerade die Frage, wie man sie ausgestalten kann, wo ihre Grenzen und Gefährdungen liegen, hatte mich schon seit Längerem beschäftigt, interessiert und – ja – fasziniert. Außerdem war die sozialliberale Koalition, die seit 1969 bestand, sehr reformfreudig und in den 1970er-Jahren ein Erfolgsmodell – bis es später zu Streitigkeiten über die richtige Wirtschaftspolitik kam.

Werner Maihofer hatte an der Universität Bielefeld den Lehrstuhl für Strafrecht, Strafprozessrecht und Rechtssoziologie inne, als ich dort studierte. Er war 1972 als Bundesminister für besondere Aufgaben in die Bundesregierung unter Bundeskanzler Willy Brandt berufen worden. Nach dessen Rücktritt wurde er 1974 Innenminister unter Kanzler Helmut Schmidt. Der bisherige Amtsinhaber Hans-Dietrich Genscher war Außenminister geworden. 1978 trat Maihofer wegen des Abhörskandals um Klaus Traube, die sogenannte Lauschaffäre Traube, von seinem Amt zurück. Traube hatte sich vom Spitzenmanager in der Kernenergie-Industrie zu deren Gegner und Gallionsfigur der Anti-Atomkraft-Bewegung entwickelt und wurde Mitte der 1970er-Jahre vom Verfassungsschutz rechtswidrig abgehört.

Als Innenminister hatte es Werner Maihofer eher schwer. Ich glaube nicht, dass dieses Amt, überhaupt das Wirken eines Berufspolitikers, ihn wirklich so erfüllt und ausgefüllt hat, wie seine philosophische und intellektuelle Auseinandersetzung mit den entscheidenden Themen der Zeit. Er war ein exzellenter Wissenschaftler, eine Kapazität als Professor der Rechtswissenschaften, ein Vordenker, der sich mit den Grundlagen unserer Demokratie, ihres Zusammenhalts und ihrer unverzichtbaren Werte intensiv befasst hat. Bei ihm

Seminare zu belegen, sich mit seiner Denkweise und seinen Vorstellungen einer Rechtspolitik der Zukunft auseinanderzusetzen, bei der die Resozialisierung, die Stärkung der Prävention statt des einseitigen Setzens auf Repression und die Stärke des Rechts sowie das Streben nach Gerechtigkeit eine Rolle spielen, hat mich sehr fasziniert. Dadurch bin ich erst wirklich zum politischen Liberalismus gekommen.

Mit dem unerschütterlichen Bekenntnis zur Freiheit als zentralem Wert der Demokratie hat Werner Maihofer den politischen Liberalismus wie kaum ein anderer Gelehrter geprägt. Freiheit und Sicherheit verstand er als zwei Seiten derselben Sache, die untrennbar miteinander verbunden waren. Für ihn war es klar: Um eine wahrhaft liberale Demokratie handelt es sich nur dann, wenn das Prinzip der Freiheit unter bestimmten Voraussetzungen Priorität im Konflikt mit der Sicherheit hat und behalten muss. Das Prinzip einer freiheitlichen Demokratie lasse sich deshalb, so Maihofer, als »Ordnung größtmöglicher und gleichberechtigter Freiheit des Einzelnen bei notwendiger Sicherheit aller« bestimmen. Es hat nach meiner Überzeugung nie wieder ein so avantgardistisches, fundiertes und durchdachtes Programm wie die Freiburger Thesen gegeben, deren Ideengeber und geistige Väter Werner Maihofer und Karl-Hermann Flach, politisch unterstützt von Walter Scheel, Burkhard Hirsch und Gerhart Baum, waren. Die Freiburger Thesen wurden im Oktober 1971 auf dem Bundesparteitag der FDP in Freiburg im Breisgau verabschiedet. Sie waren in ihrer Zeit ein Meilenstein für die inhaltliche Positionierung des politischen Liberalismus und betonten neben der Freiheit des Einzelnen auch die Verantwortung anderer wie die der wirtschaftlichen Akteure und nahmen eine dezidierte Position zum Umweltschutz ein. Damit legte die FDP ihr Image als Mehrheitsbeschafferin im Dreiparteiensystem der Bundesrepublik ab.

Ein weiterer, eher direkter Anlass für mich, damals in die FDP einzutreten, war die Diskussion über die Abtreibung, die in breiten Kreisen der Gesellschaft geführt wurde. Das Bundesverfassungsgericht verwarf in den 70er-Jahren die Fristenregelung, die Auseinandersetzung polarisierte und ging noch weit in die 90er-Jahre. Diese Reformdebatte hat mich auch zum Parteimitglied gemacht, ich wollte bei diesem Aufbruch mit dabei sein, mit gestalten können und nicht zuschauen.

### Wie Begeisterung zu politischen Funktionen führt

Bevor ich im Kreisverband Starnberg nach meinem Umzug nach Bayern ankam, hatte ich noch nicht aktiv in der Partei gearbeitet. Ich war positiv überrascht, mit offenen Armen empfangen zu werden. Man gab mir zu verstehen, dass man sich von einer Neuen, einer Zugereisten, viel versprach. Mir gefiel die freundliche Aufnahme, ohne jedoch bereits ein Mandat oder ein wichtiges Amt anzustreben. Ich fühlte mich nicht als berufene Politikerin, aber ich war begeisterungsfähig. 1982 bin ich dann zur Kreisvorsitzenden gewählt worden. Und 1990 in den Bundestag. Dafür waren neben großem Engagement auch immer wieder Zufälle mitverantwortlich.

Dass ich 1990 in den Deutschen Bundestag gewählt wurde, lag an dem sehr guten Wahlergebnis der FDP – dank der Deutschen Einheit. Das war ganz eindeutig der Genscher-Bonus. Dadurch bin ich in Bayern von einem eigentlich nicht aussichtsreichen 9. Platz auf der Landesliste gewählt worden – noch als Letzte der bayerischen Liberalen.

Dass ich kurz danach im Mai 1992 Bundesjustizministerin wurde, habe ich erstens nicht vorhergesehen, zweitens auch nicht angestrebt. Drittens war es verbunden mit Hans-Dietrich Genschers Rücktritt als Bundesaußenminister aus gesundheitlichen Gründen. Klaus Kinkel folgte ihm nach, er war seit Beginn der Legislaturperiode 1991 Bundesjustizminister gewesen, und nun musste ein Nachfolger für ihn gesucht werden. Die FDP, der sich Klaus Kinkel als zunächst Parteifreier jahrelang zugehörig fühlte und dann beigetreten war, hatte das Recht, in der Koalition mit der CDU/CSU über »ihre eigene Personalie« als dessen Nachfolge zu entscheiden, also einen Personalvorschlag zu machen. Ich bin dann in einer Kampfabstimmung von der damals ziemlich großen Fraktion, der ersten Fraktion nach der Deutschen Einheit, gegen meinen Freund Burkhard Hirsch mit knapper Mehrheit als Vorschlag der FDP für das Amt der Bundesjustizministerin gewählt worden. Es war und ist Übung in einer Mehrparteienkoalition, dass der jeweilige Partner die Besetzung einer einmal im Koalitionsvertrag vereinbarten Ressortverteilung während einer Legislaturperiode im Falle eines Personenwechsels selbst bestimmt. Daher haben die Unionsparteien die Neubesetzungen des Justiz- und Außenressorts selbstverständlich akzeptiert.

Immer wieder haben Zufälligkeiten entscheidende Weichenstellungen meiner politischen Laufbahn beeinflusst, was mich zu der Bewertung bringt, dass es sogar kontraproduktiv sein kann, zu verbissen und mit aller Macht und vielleicht auch Tricks auf ein Amt hinzuarbeiten. Das beeinflusst das Verhalten gegenüber Kollegen und Freunden, die dann zuallererst als potenzielle Konkurrenten gesehen werden. Da man die Entscheidung nicht allein in der Hand hat – sie wird vielmehr von Gremien und Delegierten getroffen –, ist man einer Meinungsbildung von Hunderten von Menschen ausgesetzt. Natürlich versucht man, diese in einer aktuellen Situation zu überzeugen und für sich zu gewinnen, was aber nicht schon lange im Voraus machbar und steuerbar ist. Außerdem besteht die Gefahr, nur noch in Kategorien des persönlichen Nutzens zu denken. Das halte ich für fatal, weil es dann wirkliche Freundschaften nur schwer geben und sich die Wahrnehmung darauf verengen kann, wer nützlich ist und wer nicht. In solche Denkweisen wollte ich niemals verfallen.

## Frühe Prägungen

Ein Umfeld, auf das ich mich verlassen kann – dazu zählt neben den Freunden die Familie –, ist mir stets wichtig gewesen. Bis heute! Auch wenn ich schon eine lange Zeit in Bayern lebe – ich bin ja eine richtige Preußin aus Minden in Westfalen –, so fahre ich doch immer wieder gern in meine Heimat. Auch wenn sie, was die landschaftliche Schönheit betrifft, dem Vergleich mit meinem jetzigen Wohnort nicht standhält, gibt es dort Orte und Plätze, die auf den zweiten Blick wirken und ihren Reiz entfalten. Die Kleinstadt Bückeburg gehört dazu, das Wesertal mit der Kanalquerung – das ist schon etwas Besonderes.

Ziel unserer Sonntagsausflüge war häufig das Kaiser-Wilhelm-Denkmal auf der Porta Westfalica. Mein Vater war ein passionierter Wanderer. In den Ferien sind wir immer in die Berge gefahren und beinahe jedes Wochenende mit dem Auto ins Wiehen- oder Wesergebirge, nach Porta und Umgebung, um dann zu Fuß zu starten – nach dem Motto: So, am Sonntag wird gelaufen! Das fanden wir – meine beiden Schwestern und ich – damals langweilig, ja sogar ätzend. Wir waren zwischen 10 und 15 Jahre alt. Wenn ich jedoch jetzt Bilanz ziehe, muss ich zugeben: Heute wandere ich sehr gern. Das habe ich 20 Jahre später festgestellt. Meine Schwestern ebenso. Es hat mit Sicherheit damit zu tun, dass wir schon als Kinder in der Familie dazu angeregt worden sind. Und es ist nicht die einzige Prägung, die ich in der Familie erfahren habe.

Wir hatten einen ziemlich großen Garten mit einem riesigen Rasen und vielen Blumenbeeten. Meine Mutter hatte etwas Gemüse, Kräuter, Apfelbäume, Erdbeeren, Stachel- und Himbeeren angepflanzt. Sie war eine erfahrene Gärtnerin und liebte die ungespritzte eigene Ernte. Als sparsame Hausfrau weckte sie Gemüse und Obst ein, kochte Marmelade, machte eigene Traubensäfte und buk natürlich Obstkuchen und -torten. Alles war darauf angelegt, möglichst viel aus dem Garten zu ernten, möglichst viel selbst zu machen – nicht nur weil es Freude bereitete, sondern auch unter finanziellen Aspekten. Demzufolge wurde die ganze Familie daran beteiligt, wir Kinder mussten schon früh mithelfen. Das gefiel uns damals nicht so sehr, vor allem das allwöchentliche Rasenmähen ging uns auf die Nerven: ein halbes Fußballfeld musste mit dem Handmäher gemäht werden. Auch die anderen Gartenarbeiten – Graben, Harken, Jäten – fanden wir ziemlich zeitraubend. Damals hab ich mir geschworen: Garten – nie! Davon waren wir – meine Schwestern und ich – ziemlich bedient.

Und jetzt sind wir alle drei begeisterte Gärtnerinnen. Ich habe sogar noch Pflanzen aus dem Garten meiner Eltern, die ich vor Jahrzehnten von dort mitgenommen und sozusagen nostalgisch eingepflanzt habe. Sie halten sich sehr gut. Ja, im Rückblick lässt sich feststellen: Viele Dinge, die man aus dem Elternhaus mitbekommt und damals aus mancherlei Gründen gar nicht so toll fand, prägen. Was einem wichtig erscheint, auf welche Dinge man Wert legt, welche Prioritäten man setzt – das Elternhaus macht sich bemerkbar, strahlt aus, stärker als man denkt.

### Familie als Wertepool

Das soziale Umfeld beeinflusst, allen voran die Familie. Der Ort, an dem man aufwächst mit Großeltern, Eltern und Geschwistern. Später kommen dann Freundinnen und Freunde dazu. Ich bin mir sicher, dass man von Anfang an Dinge einfach annimmt, übernimmt, sich zu eigen macht – ohne groß darüber nachzudenken. Andere Dinge lehnt man ab, geht in Opposition zu ihnen, gerade wenn es um Haltungen, um politische Einschätzungen oder aber um Gewohnheiten geht. Von den frühen Eindrücken, Anregungen und Erfahrungen innerhalb der Familie wird man zumindest ein Stück weit fürs ganze Leben geprägt.

Ich hatte Glück, in einem behüteten Elternhaus aufzuwachsen, mit viel Verständnis und Aufgeschlossenheit für meine Interessen, keinen existenziellen Sorgen und mit intellektuellem Anspruch. Da geht es leider vielen Kindern anders. Deutlich zeigt sich bei Fällen von Gewalt in der Familie, wie nachhaltig die Prägung des familiären und sozialen Umfelds für das ganze Leben sein kann. Wissenschaftliche Untersuchungen belegen, dass zumindest eine Anfälligkeit für Gewalttätigkeit auf Verhaltensweisen in der Familie zurückzuführen ist. Nicht zwingend. Nicht jedes Kind, das geschlagen worden ist, wird hinterher selbst gewalttätig, nicht jedes Kind, das sexuell missbraucht worden ist, muss später zwangsläufig große Probleme mit jeder Art von Sexualität haben, aber es wirkt sich auf jeden Fall aus – auf unterschiedliche Art und Weise. Es hängt von vielen Faktoren ab, von der mentalen Stärke des Kindes, der Möglichkeit, sich wirklich Menschen anvertrauen und darüber reden zu können und damit die Chance zu haben, sich von eigenem Schamgefühl und dem nicht selten vorhandenen Denken zu befreien, man sei selbst mit schuld.

In den 1950er- und auch noch in den 1960er- Jahren haben die sozialen Einflüsse auf das Täterverhalten in der Rechtswissenschaft, also im Strafrecht, keine, allenfalls eine untergeordnete Rolle gespielt. Bei auffälligem oder straffälligem Verhalten standen die Strafe und der Sühnegedanke im Vordergrund. Erst später wurde die Aufmerksamkeit auf das soziale Umfeld des Täters und die gesamte Person gelenkt. Dann kamen endlich Überlegungen dazu, wie sich die Bestrafung auf das künftige Verhalten der Täter auswirkt, wie hoch die Rückfallquoten sind und was gerade auch im Interesse der Gesellschaft getan werden muss, damit die Gefahr der Wiederholungstäterschaft reduziert wird. Vor der Frage, was für die Resozialisierung getan werden muss, stand aber die rechtspolitische Entscheidung, die Resozialisierung als ein Ziel der Strafverbüßung auch in die Gesetze aufzunehmen. Diese heftige Auseinandersetzung wurde erst Ende der 1960er-Jahre und verstärkt in den 1970er-Jahren zum Thema und mit der Einführung in das Strafvollzugsgesetz abgeschlossen. Bis heute gibt es angesichts sich verändernden Gewaltverhaltens dazu Diskussionen. Ich erinnere nur an den 2013 eingeführten umstrittenen Warnschussarrest, der

Prävention und Repression besser miteinander verbinden soll. Ob wirklich ein vierwöchiger Arrest für jugendliche Straftäter erzieherisch und damit präventiv wirkt, ist in der Praxis bis heute umstritten. Die Anwendungszahlen sind in den Bundesländern sehr unterschiedlich. Ich bin der Auffassung, dass jugendlichen Straftätern gezeigt werden muss, dass ihr Fehlverhalten nicht sanktionslos bleibt und deshalb vor allem die Justiz zügig handelt. Aber ich bin skeptisch, ob der vierwöchige Arrest wirklich die erwartete präventive Wirkung erreichen kann.

Professor Werner Maihofer hat mit seiner Überzeugungskraft, seiner kriminologischen Forschung und seinem Rechtsstaatsverständnis die Entwicklung entscheidend geprägt und mich überzeugt, begeistert und nachhaltig beeindruckt. Für Maihofer gab es nicht den geborenen Straftäter. Er bestand darauf, das Strafrecht mit Kriminologie und letztendlich auch mit sozialwissenschaftlichen Erfahrungen zu verbinden, also bei einer Straftat viele verschiedene Aspekte zu berücksichtigen. Diese Auffassung wurde am Anfang misstrauisch beäugt und sogar diffamiert. Polemisch äußerten die Kritiker den Vorwurf, bei jedem Täter nur nach dem sozialen Hintergrund suchen zu wollen und damit die Tat und die Opfer zu vernachlässigen. Immer seien die Eltern schuld. Man wollte diese ganzheitliche Betrachtung auf Ursachen und Tat nicht wahrhaben und wehrte sich dagegen – so, wie das immer ist, wenn neue Ansätze und wissenschaftliche Erkenntnisse bewertet werden müssen. Die Scheu, Althergebrachtes und scheinbar Bewährtes zu hinterfragen, ist zu jeder Zeit groß. Genauso wie die Befürchtung, vielleicht zu anderen gesellschaftspolitischen Antworten zu gelangen und bisheriges Denken verändern zu müssen.

### Gesetzesvollzug statt Strafverschärfung mit Symbolwirkung

Bis heute gibt es diese bis zum Streit gehenden Debatten. Ist der Staat zu lasch? Und wo bleibt die abschreckende Funktion des Strafrechts? Ich glaube in dieser pauschalen Form nicht an die abstrakte abschreckende Wirkung einer Strafe, die im Gesetz steht. Kaum ein Täter weiß, welche Strafe beispielsweise auf Vergewaltigung, auf Einbruchsdiebstahl oder auf Widerstand gegen die Staatsgewalt, auf Beleidigung oder Verletzung von Polizisten steht. Bei Mord schreckt nicht ab, dass es vielleicht 20 Jahre Gefängnisstrafe und länger gibt. Auch in den Vereinigten Staaten von Amerika, in denen es die Todesstrafe und ihre Vollstreckung gibt, zeigen Untersuchungen, dass die abschreckende Wirkung von Strafandrohungen gering ist.

Was eher kriminelles Verhalten beeinflussen kann, ist die Gefahr der Entdeckung der Tat. Also dass man befürchten muss, nicht irgendwie davonzukommen, dass das Risiko der Aufklärung groß ist – jeder Täter glaubt ja oder hofft zunächst, davonzukommen. Wenn jedoch die Gefahr besteht, dass ein hoher Strafverfolgungsdruck vorhanden ist und eine Tat relativ schnell aufgedeckt wird, hat das eine gewisse abschreckende Wirkung. Wenn man weiß, man landet nach einer Straftat in jedem Fall vor Gericht und muss die Konsequenzen tragen, kann das dazu führen, im Vorfeld noch einmal nachzudenken. Aber kaum ein Täter lässt sich von einem Diebstahl abhalten, weil er weiß, dass die Strafe dafür bis zu drei Jahre und bei schwerem Diebstahl bis zu fünf Jahre Gefängnis betragen kann.

Strafe soll im Rechtsstaat immer das letzte Mittel sein. Auf Verfehlungen (wie in der Silvesternacht 2015 mit massiven sexuellen Übergriffen auf Frauen) zuallererst mit der

Verschärfung des Strafrechts zu reagieren, lässt die offenkundigen Versäumnisse der Polizei, ihre fehlende Präsenz und ihr verzögertes Einschreiten außer Betracht. Ein Rechtsstaat lebt von der Anwendung und Durchsetzung der Gesetze. Strafrecht darf nicht zur Symbolpolitik verkommen. Um diese Gratwanderung lohnt es sich zu streiten, das hätte Werner Maihofer zu diesem Thema bestimmt gesagt. Das in einer Demokratie so notwendige Vertrauen in die Politiker leidet, wenn sich trotz der Verschärfung von Gesetzen an der realen Situation und Bedrohungslage nichts ändert. Die seit einiger Zeit in Deutschland zahlreich verübten Einbruchsdiebstähle sind so ein Beispiel. Mit höheren Mindeststrafen von 6 oder 12 Monaten ist noch kein Einbruch verhindert worden. Die Täter wissen davon nichts. Die Aufklärungsquote ist gering. Und für die wenigen Täter, die festgenommen und verurteilt werden, spielt diese Mindeststrafe keine große Rolle. So fürchterlich Wohnungseinbrüche für die Mieter oder Eigentümer sind, die Politik darf mit Gesetzesverschärfungen keine falschen Erwartungen wecken.

Von diesen Überlegungen habe ich mich in vielen Situationen leiten lassen. Als Bundesjustizministerin ist man für gesetzliche Änderungen des Strafrechts verantwortlich, die angemessen die sich verändernde Begehungsweise von Vergehen oder Verbrechen aufgreifen und mit denen anwendbare Gesetze geschaffen werden.

Sich auf eine aktuelle Stimmungslage zu stützen und widersprüchliche Aussagen zu behaupteten sexuellen Übergriffen mit als Anlass zu nehmen, die Sexualstrafbarkeit deutlich auszudehnen, passt leider in die heutige Landschaft, die von Bestrafungsperfektionismus und Kriminalitätshysterie gekennzeichnet ist.

Thomas Fischer, der renommierte Strafrechtskommentator und Vorsitzender eines Strafsenats beim Bundesgerichtshof, fragt in der ZEIT online zu recht, woher ein solch irrationales Strafbedürfnis beim Sexualstrafrecht kommt. Wer soll »Taten«, die kein abgrenzbares Merkmal mehr haben und nur noch in der Behauptung einer Person bestehen, vor langer Zeit einmal »nicht gewollt« zu haben, in rechtsstaatlich akzeptabler Form beweisen? Was soll die Bestrafung eines »Zwangs« als Schwerverbrechen, der überhaupt keine Form mehr hat? So bewertet er die »Nein heißt Nein«-Debatte, die durch die Lügen eines Partygirls von einer angeblichen Vergewaltigung befördert wurde und diese Lügengeschichte von den beteiligten Ministerien mit zur politischen Rechtfertigung dieses Gesetzes verwandt wurde.

### Strafgesetzgebung als Werteorientierung

Ich weiß um die Schwierigkeit, das gesetzgeberisch Notwendige zu tun, nicht allen vorgetragenen Wünschen nachzukommen und das auch noch populär und verständlich zu kommunizieren. Das ist nach meinem Verständnis die Aufgabe einer Justizministerin, die für den Rechtsstaat Verantwortung trägt. Sie sollte sich davor hüten, das Strafrecht zu einem politischen Instrument verkommen zu lassen, um damit als Politikerin Handlungskraft und Entscheidungsfreude demonstrieren zu können. Es ist immer leicht zu behaupten, das geschehe ja nur zum Schutz der Bürger und zu seiner Sicherheit, was zweifellos ein wichtiges Anliegen ist. Bürger erwarten, dass die verantwortlichen Politiker die Regeln schaffen und Maßnahmen ergreifen, die die Sicherheit erhöhen. Mit Symbolpolitik wird mit diesem berechtigten Anliegen Schindluder getrieben.

Zum Beispiel wenn es um sexuellen Missbrauch geht. Nehmen wir den Gesetzentwurf, der ein bisschen despektierlich Planschbeckengesetz genannt wurde. Danach könnten völlig unverfängliche Bilder – die eigenen Kinder, die im Urlaub nackt am Strand spielen oder zu Hause im Garten zusammen mit anderen Kindern im Planschbecken herumtollen – in den Bereich der Strafbarkeit gelangen. Jegliche Nacktheit läuft Gefahr, zu strafbarem Verhalten weit im Vorfeld eines sexuellen Missbrauchs oder von Kinderpornografie zu werden. »Das Gesetz erklärt auch das Natürliche für unnatürlich. Das ist unnatürlich«, hat Heribert Prantl in der Süddeutschen Zeitung kommentiert und das Gesetz in einigen Teilen als »ein Produkt strafrechtlicher Hysterie« bezeichnet. Da ist man auch in der beschlossenen Fassung eindeutig über das Ziel hinausgeschossen.

Das Strafrecht gehört zu den sensibelsten gesellschaftspolitischen Themen – sowohl aus der Position des Politikers als auch aus der Position des Richters, der täglich im Amts- oder Landgericht Tragödien erlebt und mit Menschenschicksalen zu tun hat. Menschen, die teilweise unverschuldet aus der Bahn geworfen wurden, aber sich nachher natürlich für ihre Taten verantworten müssen. Opfer, die für lange Zeit traumatisiert und in ihrer Ehre über lange Zeit verletzt sein können.

Ich habe mich deshalb daran orientiert, dass das Strafrecht eine richtige Werteorientierung vornimmt. Leib und Leben, die körperliche Unversehrtheit kommen bei der Gewichtung der Strafen höchste Priorität zu, Eigentums- und Vermögensdelikte sind schwerwiegend, dürfen aber nicht höher bestraft werden. Das früher bestehende Missverhältnis ist in einer großen Strafrechtsreform, mit der ich auch befasst war, korrigiert worden. Rechtspolitik braucht einen langen Atem und lebt nicht von täglichen Pressemitteilungen. Das ist mir während meiner 23 Jahre als Bundestagsabgeordnete und meiner Ministertätigkeit sehr bewusst geworden.

Gerade im Zusammenhang mit Taten, die aus rechtsextremistischer oder linksextremistischer oder überhaupt aus einer politischen Gesinnung heraus begangen werden und mit einer Ideologie verbunden sind, die sich dann in der Tat selbst niederschlägt, spielt dieser Aspekt eine wichtige Rolle. Da gibt es im Strafrecht genügend Möglichkeiten, das zusätzlich strafverschärfend zu berücksichtigen – was ich für absolut richtig halte.

Damit ist es allerdings nicht getan. Die Maßnahmen zur Bekämpfung von Gewaltbereitschaft, Fremdenfeindlichkeit und Extremismus, besonders bei Jugendlichen, müssen dringend verstärkt werden. Dazu brauchen wir eine Intensivierung der Programme zur präventiven Hilfe für gewaltbereite und gefährdete Jugendliche, Angebote für jugendliche Aussteiger aus der rechten Szene, zum Beispiel zum Nachholen von Schulabschlüssen und beruflicher Qualifizierung sowie Gewaltpräventionsprogramme an Schulen und in der Jugendarbeit.

# Frauenpower

## Unbedingt: der Beruf zur finanziellen Unabhängigkeit

Obwohl sich mein Vater als Konservativer verstand, vertrat er im Hinblick auf die Gleichstellung und Gleichberechtigung von Frauen progressive Auffassungen. Zu seinem Vorstellungsbild gehörte es, dass Frauen in jedem Fall einen Beruf haben sollen und ihr Leben unabhängig bestimmen sollen. Die aus seiner Tätigkeit als Rechtsanwalt herrührenden Eindrücke von zum Teil sehr bedrückenden Lebenssituationen für Frauen im Fall der Scheidung, besonders nach dem damals geltenden Scheidungsrecht, hatten seine für die damalige Zeit fortschrittliche Haltung geprägt. Dass er meinen Schwestern und mir von Anfang an dieses Frauenbild vermittelt hat, rechne ich ihm hoch an. Er stellte uns dreien vollkommen frei, für welche berufliche Richtung wir uns entscheiden. »Womit ihr später euer Geld verdient, ist eure Sache, aber ihr braucht einen Beruf, eine abgeschlossene Ausbildung«, gab er uns zu verstehen und bestand darauf: »Ihr müsst unbedingt in der Lage sein, für euch selbst zu sorgen, ihr dürft nicht finanziell abhängig werden.« Das war damals überhaupt nicht selbstverständlich. Ich bin 1951 geboren, als allgemein noch ein anderes Rollenverständnis von Mädchen und Frauen herrschte, nämlich, dass ein Mädchen nicht unbedingt Abitur machen oder gar studieren müsse, weil es ja sowieso heiraten und Kinder bekommen und zu Hause bleiben würde. Dass mein Vater und meine Mutter es als ihre Hauptaufgabe verstanden, ihren Töchtern eine gute Ausbildung mitzugeben, weiß ich bis heute zu schätzen.

### Mutter und Schwestern

Zu meiner Mutter hatte ich eine besondere, eine sehr enge und innige Beziehung. Sie war Vertraute, Freundin und Helferin in allen Lebenslagen. Sie kümmerte sich um alles im Haus und im Garten, um die Familie, die Nachbarn, die Großeltern, Freunde. Sie war sehr sozial eingestellt. In der evangelischen Kirche engagiert, betreute sie die Nachbarn, denen es nicht gut ging. Sie kochte, backte, weckte Marmelade ein – es schmeckte immer hervorragend. Sie war der gute, hilfreiche Geist in unserer Wohngegend, sammelte Spendengelder für kirchliche Aktionen, ging dafür von Haus zu Haus, sprach die Menschen direkt an, verfügte über eine beneidenswerte Überzeugungskraft.

Alle unsere Freundinnen und Freunde, Bekannte, Bridgespielerinnen – meine Mutter hatte einen privaten Bridgeclub, der meine frühe Begeisterung für das Kartenspielen weckte, auch für Skat, Doppelkopf und in den österreichischen Bergen Schnauz – kamen gern zu uns. Mein Elternhaus war besonders dank der Präsenz und Fürsorge meiner Mutter offen, herzlich und gastfreundlich. Auch das hat mich geprägt. Und dass gutes Essen und Trinken für Freundschaften nicht abträglich sind.

Meine Mutter hieß Lieselotte Hulda Minna. Die letzten beiden Namen empfand sie selbst als so schrecklich, dass sie nur mit Lieselotte oder Lilo oder auch Lotte angesprochen werden wollte. Wir drei bekamen deshalb aufgrund ihrer eigenen unangenehmen Erfahrungen nur einen Vornamen. Sie wurde in der Schule damit gehänselt, etwa indem gefragt wurde: »Ist denn kein Stuhl da für unsere Hulda?« Als junges Mädchen und junge Frau war sie sehr sportlich: In Essen, wo sie einen Teil ihrer Jugend verbrachte, galt sie als Tenniskanone.

Als Fünfjährige

Mit meinen Schwestern Ruth(links) und Christa (rechts), 1960

Meine Schwester Ruth ist eindreiviertel Jahre älter und meine Schwester Christa ein gutes Jahr jünger als ich. Wir drei waren bei relativ geringem Altersunterschied schon in den sehr jungen Jahren richtig gute Freundinnen, aber nicht immer beste Freunde, denn es gab natürlich immer wieder Zoff, was für meine Mutter anstrengend und nervig war – schon im Sandkasten, wo eine Kinderharke auch einmal im Kopf meiner Schwester landete, beim Spielespielen, beim Verteilen der Ostereier. Wir haben viel auf der Straße gespielt, zusammen mit Freundinnen, wie es damals in Wohnstraßen mit wenig Durchgangsverkehr üblich war. Als wir etwas älter wurden – ab 14 aufwärts – intensivierte sich naheliegenderweise zunächst die Beziehung zu meiner älteren Schwester. Sie durfte schon mehr, war selbstständiger, hatte mehr Erfahrungen und Erlebnisse. Also habe ich mich an ihr orientiert, wollte halt auch gern früh erwachsener sein und mehr dürfen, vor allem später nach Hause kommen. Insgesamt hatten wir drei Schwestern in der Jugendzeit ein enges Miteinander – gemeinsam gegen den Vater, wenn uns seine Vorgaben nicht passten. Wir haben uns gegenseitig geholfen, an den Freitagen und Samstagen heimlich ins Haus zu kommen, wenn es beim Ausgehen wieder einmal zu spät geworden war. Und das war häufiger der Fall. In den gemeinsamen Urlauben haben wir uns einen Spaß daraus gemacht, den Eltern zu zeigen, dass wir beim Bergwandern und -steigen schneller und fitter als sie sind, und haben auch dort gemeinsam Vergnügen jenseits der elterlichen Betreuung genossen.

Die Schulzeit habe ich im Großen und Ganzen in guter Erinnerung. Es verlief alles normal im Caroline-von-Humboldt-Gymnasium in Minden. Es gab gelegentlich den üblichen Stress, aber keine grundsätzlichen Probleme. Ich war nach einem eher schwachen Start ab der 8. Klasse – damals Untertertia – eine gute Schülerin und habe schließlich ein sehr gutes Abitur gemacht. Ja, ich bin gern in die Schule gegangen. In einer damals noch reinen Mädchenklasse hatten wir viel Spaß – das Jungengymnasium war schräg gegenüber – und einen guten Zusammenhalt. Die bis heute in unregelmäßigen Abständen wechselseitig stattfindenden Abiturtreffen zeigen das. Meine ältere Schwester hat Englisch und Germanistik studiert – fürs Lehramt und ist Lehrerin am Gymnasium geworden, davon die meiste Zeit in Bielefeld. Dort war sie dann viele Jahre mit Begeisterung und großem Einsatz Direktorin eines Gymnasiums bis zu ihrem Ruhestand 2012.

Meine jüngere Schwester Christa wollte auf keinen Fall studieren, sie wollte unbedingt früh selbstständig und fertig mit der Ausbildung sowie finanziell unabhängig sein. Sie hatte frühzeitig Interesse für einen medizinisch geprägten Beruf und hat deshalb eine mehrjährige medizinisch-technische Assistenten-Ausbildung absolviert. Bis heute arbeitet sie in der Praxis eines Internisten. Sie organisiert perfekt, ist sehr praktisch und bei den Patienten sehr beliebt. Sie wäre bestimmt auch eine gute Ärztin geworden. Wir drei Geschwister verstehen uns bei aller Unterschiedlichkeit sehr gut und haben auch über weitere Entfernungen hinweg engen Kontakt, feiern Weihnachten und Geburtstage zusammen. Wir haben immer selbstverständlich unsere Freiheit und unsere Unabhängigkeit gelebt.

Heute ist das sowieso klar. Mädchen wachsen heute nicht mehr in dem Bewusstsein auf, schon einen Ernährer zu finden und sich insofern gelassen zurücklehnen zu können. Das Bild hat sich sehr gewandelt – Freiheit, Selbstentfaltung und Selbstverwirklichung im eigenen Berufsleben und im eigenen Umfeld haben einen hohen Stellenwert. Heute muss es leider aber immer noch darum gehen, dass Frauen tatsächlich dieselben Chancen in allen Berufsfeldern haben und in ihrem beruflichen Fortkommen nicht an einer sogenannten gläsernen Decke, also unterhalb der wichtigen Führungsebenen in Konzernen, hängen bleiben. Das ist nach wie vor eine riesige Herausforderung. Ob ihr mit verbindlichen Regeln für einen bestimmten Anteil an Vorstandsposten begegnet werden kann, sei mal dahingestellt. Doch einen wesentlichen Schritt zur Änderung des Bewusstseins im Unternehmensalltag bedeuten sie schon. Die eigentliche Schwelle, an der Frauen es immer noch schwer haben, liegt im mittleren Management und besteht darin, unterhalb des Vorstands in eine Führungsposition zu kommen. Die Durchsetzung der Gleichberechtigung hat also heute eine andere Qualität als zu der Zeit, als ich in der Ausbildung war und nicht wenige Eltern mit ihrer Einstellung, dass Mädchen nicht unbedingt Abitur machen müssen, deren Lebensweg unabhängig von ihrer Neigung und Befähigung stark, häufig auch nachteilig und nur schwer und aufwendig korrigierbar, beeinflusst haben.

### Berufstätigkeit nur mit Zustimmung des Mannes

Es ist kaum mehr vorstellbar, aber in den 1970er-Jahren war es tatsächlich noch so, dass die Ehefrauen gar nicht allein entscheiden durften, ob sie einen Beruf ausüben. Der Mann musste zustimmen. Letztendlich war die Frau rechtlich nicht vollumfänglich selbstbestimmt, sondern abhängig vom Ehemann – in vielerlei Dingen, gerade was das Familienrecht und das Namensrecht anging. Der Ehemann war Alleinverdiener – das war so selbstverständlich tradiert, dass eine andere Vorstellung in der Gesellschaft nicht sichtbar war. Im Fall einer Scheidung kam das Zerrüttungsprinzip zum Tragen. Eine Ehe sollte eben so lange wie möglich zusammengehalten werden. Sie wurde vor allem als Erwerbsgemeinschaft und Versorgungsgemeinschaft aufgefasst. Die Frau hatte ihre prioritäre Aufgabe nach der vorherrschenden gesellschaftlichen Vorstellung darin, dem Mann als Versorger den Rücken frei zu halten, sich um die Erziehung der Kinder zu kümmern, Haus und Garten zu versorgen und die Großeltern zu pflegen. Dieses gesellschaftliche Rollenverständnis spiegelte sich in den familienrechtlichen Bestimmungen des Bürgerlichen Gesetzbuchs wider. Es hat mehrerer Entscheidungen des Bundesverfassungsgerichts bedurft, diese Regelungen für verfassungswidrig zu erklären und damit neben der rechtlichen Basis noch ein breites gesellschaftliches Bewusstsein für den Wert der Gleichberechtigung zu schaffen. Das, was heute für die junge Generation selbstverständlich ist, gehört zu den Errungenschaften, für die meine Generation noch gekämpft hat, also zu den Errungenschaften, die nicht leichtfertig zur Disposition gestellt werden dürfen. Ich bin damals gegen den Paragraf 218 und für seine Abschaffung auf die Straße gegangen und habe in Bielefeld Unterschriften dagegen gesammelt, da war ich Anfang 20. Es war für mich selbstverständlich, mich aktiv für die Selbstbestimmung der Frau einzusetzen, ohne das mit einer Tätigkeit als Politikerin zu verbinden.

Als Frau in der Politik habe ich später unterschiedliche Erfahrungen gemacht. Die FDP, also meine Partei, freut sich über jedes weibliche Mitglied, da der Frauenanteil bis heute zu niedrig ist. Eine gezielte Frauenförderung in Form von Mentorinnenprogrammen gibt es erst seit einigen Jahren, festgelegte Frauenquoten widerstreben den Freien Denkern und im Wettbewerb habe ich mich nicht benachteiligt gefühlt. Solange die Spielregeln fair sind und nicht nur Intrigen gesponnen und Absprachen getroffen werden, hat jeder eine Chance, parteiinterne Wahlen zu gewinnen. Quotenfrau zu sein, hat mich nicht angesprochen und entspricht nicht dem Anspruch, den ich an mich stelle. Dieser ist auf die eigene Qualifikation und auf die im analogen Zeitalter schon genauso wichtige Kommunikation wie heute in der digitalen Zeit ausgerichtet. Frauen müssen sich die Einstellung erarbeiten, dass das Anstreben einer Führungsfunktion und damit einer Machtposition etwas Erstrebenswertes sein kann, wenn man es denn selbst will und nicht anderen überlassen möchte. In vielen Diskussionen mit Fraueninitiativen und Verbänden erlebe ich noch bis heute immer wieder ein eher ambivalentes Verhältnis von Frauen zur Macht – natürlich nicht von allen.

Da wünsche ich mir öfter etwas mehr von dem Selbstverständnis, das in dem Satz von Angela Merkel, »Wir schaffen das!«, auch zum Ausdruck kommt. Zutrauen in die eigenen Fähigkeiten und das Nutzen des richtigen Momentums, Zielstrebigkeit ohne übertriebenen Ehrgeiz und die Überzeugung, die Richtige zu sein bzw. das Richtige zu tun. Dieses selbstverständliche Selbstbewusstsein muss Mädchen so früh wie möglich vermittelt werden.

### Mal gewinnt man eben, mal verliert man auch

Beides gehört zwangsläufig zusammen, und beides bringt einen auch weiter. Das habe ich sehr früh in meiner politischen Betätigung erkennen können und mit diesem Selbstverständnis und dieser Herangehensweise in der Partei eigentlich nie Probleme gehabt. Da verlief auch nicht alles stromlinienförmig nach oben, aber mit dem nötigen langen

Atem und dem für eine Politikerin notwendigen Optimismus eröffnet sich immer wieder eine Perspektive.

In der bayerischen FDP habe ich später immer wieder versucht, Frauen zu fördern und für bestimmte Positionen vorgeschlagen: für den Vorstand, fürs Präsidium, als stellvertretende Vorsitzende oder als Generalsekretärin. Wenn ich gesehen habe, Mensch, das ist eine tolle Frau!, habe ich mit meinen Möglichkeiten versucht, sie zu fördern und ihr zu helfen, im Wettbewerb zu bestehen. Das empfand ich immer als eine wichtige Aufgabe.

Zur Quote habe ich bekanntermaßen ein zwiespältiges Verhältnis. Als die Grünen die Quote in ihrer Partei verbindlich eingeführt haben, ging auch in allen anderen Parteien die Diskussion los: Wie viel weibliche Mitglieder gibt es in der Partei und wie viele weibliche Abgeordnete? Wie viel Frauen sind in Führungspositionen der Partei und in den Parlamenten? Also, dass sich die Freien Demokraten mit der Quote schwertun, ist von ihrem Grundverständnis her naheliegend. Ihre Haltung war nach kontroversen Debatten mehrheitlich gegen verbindliche Quoten innerhalb der FDP. Dass die ganze Diskussion für die Gleichberechtigung der Frauen etwas gebracht hat, kann man, glaube ich, nicht abstreiten.

Heute spielt die Parteienquote für junge Leute kaum noch eine Rolle. Sie hat nicht mehr den Stellenwert, den sie anfangs hatte. Viele junge Frauen in der FDP können nach meiner Einschätzung mit der Quote nicht viel anfangen. Aber dass sie diskutiert, initiiert und teilweise eingeführt wurde, sodass heute eine Partei im öffentlichen Ansehen schlechter dastehen kann, wenn sie nicht genug Frauen als Mitglieder ober in ihrem Profil hat, zeigt den Stellenwert dieses Themas für die gelebte Gleichberechtigung.

Ich glaube allerdings auch nicht, dass die Quoten-Diskussion für Parteien in Deutschland noch einmal neu geführt werden wird. Mit der verbindlichen Quote für den Vorstand und den Aufsichtsrat in Unternehmen mit entsprechender Gesellschaftsstruktur sind die Weichen für mehr berufliche Gleichstellung gestellt worden. Die in ein paar Jahren zu ziehende Bilanz wird zeigen, wie die Unternehmen mit diesen gesetzlichen Vorgaben umgegangen sind und welche Schwierigkeiten es je nach Branche und Konzernausrichtung gibt. Dass es national wie international langsam selbstverständlicher wird, dass Frauen genauso gut wie Männer Spitzenfunktionen ausüben können, ist bei aller auch berechtigter Kritik an den gesetzlichen Quotenregelungen für die Wirtschaft eine positive Entwicklung, die auch auf Familienunternehmen und auf Inhabergeführte Unternehmen mit personengesellschaftlichen Strukturen ausstrahlt.

### Die Zeit war reif für Frauen im Kabinett

In der FDP-Bundestagsfraktion hatte ich keinen Anlass, mich über geschlechtsbezogene Benachteiligungen zu beklagen. Ehrlicherweise muss ich sagen, es mag auch daran gelegen haben, dass ich sehr schnell Karriere machen konnte. Wenn man nach eineinhalb Jahren Bundestagszugehörigkeit eine von der FDP-Bundestagsfraktion vorgeschlagene Ministerin wird, ist man an der Spitze angekommen und hat einen anderen Status, auch in der Fraktion und das auch nach meinem Rücktritt.

Mein Rücktritt war die Folge eines Mitgliederentscheids der FDP, des ersten in ihrer Geschichte. Sie hatte dieses Instrument eigens dazu eingeführt, um zum Thema der elektronischen Wohnraumüberwachung eine Änderung der Position der FDP, die bisher immer mit großer Mehrheit in Parteitagsbeschlüssen diesen tiefen Eingriff in die Privatsphäre und in die Unverletzlichkeit der Wohnung abgelehnt hatte, zu erreichen und damit in der Koalition mit der Union eine einvernehmliche Haltung zu vertreten.

Den Widerstand gegen meine Auffassung habe ich weder damals noch heute damit verbunden, dass ich eine Frau bin. Dass ich wegen einer Haltung und wegen der Überzeugung, Grundrechte nicht der politischen Beliebigkeit preiszugeben, zurücktreten würde, war für die meisten Parteimitglieder und das Parteiestablishment nicht vorhersehbar.

Diese grundlegende Korrektur eines Kernthemas der FDP und der damit eingeleitete Paradigmenwechsel in der Rechtspolitik und in der inhaltlichen Ausrichtung der Freien Demokraten hat der Partei insgesamt nicht genutzt. Ich glaube, dass es ihr geschadet hat, weil in der Wahrnehmung der Bürgerinnen und Bürger die Verteidigung der grundrechtlichen Freiheitsgarantien für lange Zeit nicht mehr mit der Freien Demokratischen Partei verbunden wurde. Ich selbst hatte als zurückgetretene Ministerin hinterher in der Fraktion zwar nicht nur beste Freunde, doch das hatte nichts mit dem Geschlecht, sondern mit meiner der Meinung der Fraktion zuwiderlaufenden Haltung zu tun.

Als ich das erste Mal Ministerin wurde, kannte mich kein Mensch. Niemand hatte mich, wie es so schön heißt, auf der Agenda. Ich war eineinhalb Jahre im Bundestag im Rechtsausschuss gewesen, dann sehr überraschend und unerwartet Ministerin geworden, weil Hans-Dietrich Genscher aus gesundheitlichen Gründen auch für die meisten Menschen sehr plötzlich zurückgetreten war und Klaus Kinkel, der bisherige Bundesjustizminister, sein Nachfolger wurde. Dadurch war so eine Art Domino-Effekt eingetreten.

Vereidigung als Bundesministerin der Justiz im Deutschen Bundestag durch Bundestagspräsidentin Rita Süssmuth am 20.5.1992

Rückblickend kann ich sagen, dass ich als Frau nie das Gefühl hatte, in den beiden Kabinetten von Helmut Kohl von 1990 bis 1994 und dann 1994 bis 1998 benachteiligt zu sein. Bei meinem Eintritt in die Bundesregierung am 18. Mai 1992 waren relativ viele Frauen Kabinettsmitglied, immerhin 4 Ministerinnen und die Europastaatsministerin Ursula Seiler-Albring im Auswärtigen Amt. Dazu gehörte in diesem ersten gesamtdeutschen Kabinett Angela Merkel als Ministerin für Frauen und Jugend, Irmgard Schwaetzer als Bauministerin, Hannelore Rönsch als Familien- und Seniorenministerin und Gerda Hasselfeld im Gesundheitsressort. Helmut Kohl hatte erkannt, dass die Zeit reif war für Frauen im Kabinett und verhielt sich strategisch klug, das auch sichtbar zu machen. Was seine Überzeugung war, entzieht sich meiner Kenntnis. Aber wenn rationale Gründe zu den richtigen Entscheidungen führen, passt das Ergebnis. Leider war das in meiner zweiten Amtszeit als Bundesjustizministerin im Kabinett Kohl von 1994 bis 1998 schon wieder anders. Nur zu dritt, Angela Merkel als Umweltministerin, Claudia Nolte für Familie, Senioren, Jugend und Frauen und ich erneut als Bundesjustizministerin gaben den Frauen ein Gesicht am Kabinettstisch.

Im Kabinett Helmut Kohl auf der Regierungsbank, 1995

Allerdings war ich überhaupt die erste Frau in einem klassischen Ressort, dem Bundesjustizministerium, das durch die Rechtsförmlichkeitsprüfung mit allen Gesetzesvorschlägen vor dem Kabinettsbeschluss befasst ist. Aber die eigentliche Bedeutung dieses Ressorts liegt in der Verantwortung für die Ausrichtung der Rechtspolitik in Deutschland und seit damals ständig zunehmend auch in der Europäischen Union und in seiner Rolle als Verfassungsministerium, das die Vereinbarkeit vieler gesetzlicher Regelungen mit dem Grundgesetz federführend oder mitprüfend zu untersuchen hat. Damit ist das Spannungsfeld mit den Aufgaben des Bundesinnenministeriums für die innere Sicherheit angelegt. Bereits an einem Beispiel wird das sehr einfach deutlich: Während der Datenschutz mit Grundrechtsrang seit dem Volkszählungsurteil 1983 aus der Betrachtung der Sicherheitspolitiker eher als Täterschutz und als Behinderung angesehen wird, wird dieses Grundrecht aus dem Blickwinkel des Justizministeriums als Ausfluss des Schutzes der Persönlichkeit und der Privatsphäre des Einzelnen betrachtet und ihm ein hoher Stellenwert beigemessen. Als Bundesjustizministerin habe ich mich nicht als Notar der Bundesregierung verstanden, sondern als Gestalterin und Verteidigerin der Rechte der Bürgerinnen und Bürger in sich rasant verändernden Zeiten.

Justizministerin zu sein war nicht nur eine Premiere für Frauen, sondern der Auftakt zu einer ständigen Weiterentwicklung. Es dauert hoffentlich nicht mehr lange, bis auch eine Frau das Innenministerium leiten wird. Meine Ernennung zur Justizministerin war für mich damals trotz der Besonderheit ganz selbstverständlich, aber in der Öffentlichkeit wurde ich stark und neugierig beäugt. Man beobachtete mich und wollte wissen: Was macht die denn da in einem solchen Ressort, das gerade in Zusammenhang mit der deutschen Einheit eine ganz besondere Bedeutung hatte. Denn die deutsche Einheit musste auch rechtlich gestaltet werden. Dieses »Mal schauen, kann die das?« wäre möglicherweise bei einem Mann nicht erfolgt. Kann die das überhaupt? Ich glaube fest, dass man bei einem Mann in einer verantwortungsvollen Position nicht fragt: Kann der das? Vielleicht: Wie macht der das? Oder: Wie geht der mit dem Problem um? Oder: Wie setzt der seine Position durch? Aber nicht nach dem Motto, man muss erst einmal zeigen, dass man es überhaupt kann. Schließlich handelte es sich um ein klassisches Ressort – Frauen schienen bis dahin eher für die weichen Themen wie Familie, Soziales, Frauen, Senioren, Jugend prädestiniert zu sein. Justiz ist eben kein weiches Thema.

So habe ich die Reaktionen wahrgenommen: zuerst Überraschung, dann eine gewisse Skepsis, aber ich kann nicht sagen, dass ich einen Kampf als Unterdrückte gegen die dominierende Männerwelt führen musste. Ich fühlte mich von dieser allgemeinen Erwartungshaltung oder vielmehr Nicht-Erwartungshaltung eher herausgefordert – nach dem Motto: Ich zeig´s euch jetzt mal. Man fühlt sich insofern gefordert, als man nicht das Vorurteil belegen will: Das Mädchen kann das nicht. Das ist Druck und Ansporn zugleich. Für mich war es vor allem Letzteres. So wie mir geht es sicher vielen Frauen in exponierten Positionen: Sie sind daran gewöhnt, mehr bringen zu müssen, um akzeptiert zu werden.

Dieses Beäugen habe ich bei den Medien und bei Politikern erlebt. Auch da stand die Frage »Kann die das?« am Anfang im Raum. Man hat als Bundesjustizministerin die Verantwortung für Institutionen, für alle obersten Gerichte und die Bundesanwaltschaft, den Obersten Ankläger der Bundesrepublik Deutschland. Das sind damals noch Männerdomänen gewesen. Heute ist es selbstverständlich, dass Frauen Präsidentinnen dieser bedeutungsvollen Gerichte sind. Beim Bundespatentgericht, das nicht so sehr im Blick der Öffentlichkeit ist, hatte ich als Ministerin die Gelegenheit, eine Frau zur Präsidentin zu machen, weil sie sehr gut war und deshalb aus einer Auswahl von gleich gut qualifizierten Männern wie Frauen in das Amt zu berufen war. Diese Chancen muss man nutzen. Ich hatte im Ministerium mit einem Geschäftsbereich – so nüchtern wird das genannt – zu tun, der ziemlich männerdominiert war, und stieß erwartungsgemäß als neue Ministerin auf eine skeptische Grundhaltung. Wieder einmal schlug mir die Frage entgegen: Kann die das?

### Sachkenntnis überzeugt immer

Angesichts dieser Frage habe ich mich immer auf Folgendes besonnen: 1. Sich nicht beirren lassen. 2. Zeigen, dass man sich einarbeitet und kompetent ist. Ich bin schließlich nicht als sachfremdes Wesen, sondern als Volljuristin mit langjähriger Berufserfahrung in einer Behörde in dieses Amt eingetreten. Ich kannte Verwaltungs- und Ministeriumsabläufe, ich war mit allem, was dazugehört, vertraut. Wenn man ein Ministeramt ausübt, das so stark fachlich ausgerichtet ist wie das der Justizministerin, braucht man eine entsprechende fachliche Ausbildung. Das ist meine feste Überzeugung. Man kann nicht versuchen, Gesetzgebungsverfahren entscheidend mit zu steuern, wenn man die juristische Systematik nicht kennt – Tatbestand, Rechtsfolgen, Rechtsgrundsätze – und wenn man nicht gelernt hat, in diesen Strukturen zu denken. Bei der Ausübung des Amts der Justizministerin hat mir meine fachliche Kompetenz natürlich sehr geholfen. Resümierend kann ich sagen, dass ich in meiner politischen Laufbahn keine besonderen Hürden überwinden musste, weil ich eine Frau war. Überhaupt nicht – weder in der Partei noch in der Fraktion als Abgeordnete noch als Ministerin.

## Angela Merkel – Politikerin mit Mut und Weitsicht

Heute ist die Situation eine ganz andere. Selbstverständlich und ohne öffentliche Debatte wird Frauen jedes Regierungsamt zugetraut. Ursula von der Leyen ist als erste Frau Verteidigungsministerin. Aber herausragend in Deutschland und Europa ist, dass Deutschland seit 2005 von Angela Merkel als Bundeskanzlerin regiert wird. Sie wird als die wichtigste Politikerin in der Europäischen Union angesehen und hat in erheblichem Maße Einfluss auf die Weltpolitik. Als ich mit ihr als Kabinettskollegin während meiner ersten dreieinhalb Jahre als Justizministerin im Kabinett Helmut Kohl zusammengearbeitet habe, war sie in der ersten gesamtdeutschen Bundesregierung nach dem Fall der Mauer nach meinem Eindruck sehr schnell die herausragende ostdeutsche CDU-Politikerin, Günter Krause verließ das Verkehrsressort im Mai 1993, Claudia Nolte und Paul Krüger, beide Minister im letzten Kabinett von Helmut Kohl bis 1998, hatten aus dem Osten Deutschlands kommend nicht annähernd den parteipolitischen Einfluss wie Angela Merkel, und beide sind den

Menschen heute kaum noch in Erinnerung. Ich empfand Angela Merkel damals als eine offene, kommunikative Kollegin. In meinen ersten eineinhalb Jahren als Abgeordnete und Mitglied im Rechtsausschuss des Deutschen Bundestages hatten wir wenig Begegnungen. Ich befasste mich als FDP-Berichterstatterin mit dem ersten Vermögensgesetz, um die Grundlagen für den Umgang mit den Rückgabeansprüchen der in der DDR Enteigneten und mit den gutgläubig erworbenen Besitzständen und Nutzungsrechten der DDR-Bürger zu schaffen. Angela Merkels wichtigstes Vorhaben war die Arbeit an einem Gleichberechtigungsgesetz, das in der Koalition umstritten war und der Opposition nicht weit genug ging. Sie erlebte unmittelbar, dass Frauenpolitik damals einfach nicht ernst genug genommen wurde.

Zwei Ministerinnen im Kabinett Helmut Kohl in den 90er-Jahren

Als Kolleginnen sind wir zusammen, sie als Jugend- und ich als Justizministerin, nach den 1990/1991 beginnenden fremdenfeindlichen, teilweise massiv gewalttätigen Ausschreitungen gegen Ausländer in ganz Deutschland, aber in besonders vielen Städten Ostdeutschlands, unter anderem in Rostock und Hoyerswerda, in die dortigen Wohnviertel gefahren. Sie kannte die Situation natürlich besser als ich. Uns ging es darum herauszufinden, was die Politik wirklich vor Ort tun kann. In bestimmten Gegenden gab es keinerlei Infrastruktur für Jugendliche – wie Jugendräume, Jugendplätze, die Wohnviertel waren trostlos. Aufgebrachte Bürgerinnen und Bürger hetzten gegen Ausländer und Asylbewerber und gewalttätige Skinheads, Neonazis, schlugen 1990 den Angolaner Antonio Amadeu Kiowa in Eberswalde tot.

### Immer mit Fakten für die bestmögliche Lösung

In diesen Gesprächen vor Ort mit Jugendbetreuern, mit Jugendlichen aus den unterschiedlichsten Milieus und mit Lokalpolitikern gab es kein sonst so typisches Politikergerangel um die beste Performance und Wichtigtuerei, sondern wir hatten beide eine ähnliche Herangehensweise. Gut vorbereitet und mit vielen Informationen versorgt ging es uns darum, möglichst umfassende Eindrücke der lokalen Strukturen, der Defizite und der sozialen Situation mit rechts- wie linksradikalen Gruppierungen zu gewinnen. Nüchtern, rational und sehr betroffen von den teilweise tristen Umständen, der hohen Arbeitslosigkeit und der häufig von den Bürgern empfundenen Perspektivlosigkeit kamen wir zu der übereinstimmenden Einschätzung, dass die sozialen Umstände zwar mitursächlich waren, aber besonders das inhaltliche Angebot, Ansprechpartner, Jugendbetreuer und auch teilweise ausreichend Polizeikräfte fehlten, die die gesellschaftlichen Gefahren von Fremdenfeindlichkeit, Rassismus und aufgestautem Hass richtig einschätzten.

Ich habe dort eine wichtige Eigenschaft von Angela Merkel kennenlernen können, die nach meiner Einschätzung ihren Regierungsstil bis heute prägt. Sie will – typisch Naturwissenschaftlerin – genau wissen, welche Fakten für eine bestimmte Situation entscheidend sind, welche Lösungsansätze mit welchen Auswirkungen es gibt, welche Bedingungen dafür notwendig sind und welche Kritik zu erwarten ist. Sie will wissen, auf was sie sich einlässt, auch wenn nicht alle Reaktionen und Entwicklungen vorhersehbar sind. Wenn man so will, ist das die Technikfolgenabschätzung wie sie in der Wissenschaft stattfindet, übertragen auf die Politik in Form der Risikoabwägung.

Den Juristen wird ja auch eine gewisse Neigung zum analytischen Denken und die Fähigkeit zur Subsumtion eines Sachverhalts unter gesetzliche Bestimmungen nachgesagt. Es ist eben schlicht ihr Handwerkszeug. Ich kann deshalb die Herangehensweise von Angela Merkel an Probleme gut nachvollziehen und verstehen.

Als Kanzlerin hat sie sich, soweit ich das von 2009 bis 2013 miterleben konnte, bei der gesamten Eurorettungspolitik immer auch von Experten außerhalb des Politikbetriebs Einschätzungen besorgt. Dass die Wirtschaftswissenschaft und ihre Vertreter dabei nicht immer sehr hilfreich waren, ist nicht ihre Schuld. Mich hat beeindruckt, wie konkret sie sich auch über die anlasslose Vorratsdatenspeicherung hatte unterrichten lassen. Nicht nur die technischen Aspekte waren ihr bekannt, auch die wesentlichen nationalen und europäischen rechtlichen Fragestellungen und die unterschiedlichen

Haltungen innerhalb der Koalition hatte sie parat. Auf dieser Basis konnte bei der unterschiedlichen politischen Bewertung dieses Themas der Umgang in der Koalition besprochen werden. Auch hier galt der Grundsatz, worauf sich die Koalitionäre nicht verständigen können, wird nicht gemacht. Wie dann allerdings mit dieser Erkenntnis von den innen- und rechtspolitischen Akteuren umgegangen wird, hängt doch sehr stark von der jeweiligen Persönlichkeit ab. Da habe ich mich nach der Devise verhalten, viel Feind, viel Ehr. Auf jede Kritik zu reagieren, wäre dann aber doch zu viel der Ehre.

### Sachkundig und unerschrocken

Der Weg von der Ministerin in den ersten beiden Legislaturperioden nach der deutschen Einheit bis zur ersten Bundeskanzlerin im Jahr 2005 und bis zur vierten Kandidatur als Kanzlerkandidatin der CDU und CSU ist ein weiter Weg.

Ich erinnere mich noch an den Ärger, den sie einmal als Umweltministerin in der Legislaturperiode von 1994 bis 1998 im Kabinett hatte. Denn mit noch so viel Absprache, Kommunikation, Faktenwissen und Argumenten gelingt nicht jedes Vorhaben, wenn es politisch nicht gewollt ist. So erging es ihr mit einer Umweltverordnung, die nach meiner Erinnerung bestimmte Grenzwerte regelte. Mehrmals von der Kabinettstagesordnung abgesetzt wurde endlich ihr Punkt aufgerufen und dann nach kurzer Darstellung vom Bundeskanzler in etwas rüder Form wegen einer angeblich noch zu klärenden Frage, die wohl im Vorfeld ein Interessent dem Kanzleramt nahegebracht hatte, wieder abgesetzt. Darüber hat sich Angela Merkel zu Recht tierisch aufgeregt und kurzzeitig den Kabinettsaal verlassen. Ich bin dann ebenfalls rausgegangen, weil ich diesen Umgang ziemlich ungehörig fand, und habe mit ihr auf der Toilette sprechen können.

Angela Merkel wird nachgesagt, ehrgeizig, zielstrebig und machtbewusst zu sein. Ich kann daran nichts Negatives finden. Sie hätte ohne das politische Gespür, zum richtigen Zeitpunkt den richtigen FAZ-Aufsatz zu schreiben, sich um den Posten des Generalsekretärs und später der Bundesvorsitzenden der CDU zu bewerben, nicht diese für die deutsche Geschichte einmalige politische Karriere hinlegen können.

Nüchtern und sachlich konstatierte sie in einem Interview mit Arno Luik 100 Tage nach ihrer Wahl zur Bundesvorsitzenden 2000: »Die CDU ist in einer Umbruchphase. Und die politische Zukunft dieser Partei wird nicht mehr von Helmut Kohl bestimmt. Sondern von der neuen Parteiführung … Ich gehe heute meinen Weg, so wie ich ihn gehe, weil ich überzeugt bin …«

Zielstrebig agieren, die eigenen Positionen verteidigen und sich auch gegenüber Konkurrenten durchsetzen, sind die an eine so herausragende Führungsposition gestellten Anforderungen. Das mag in der Öffentlichkeit und in den Medien als Wegboxen der männlichen Mitbewerber oder Konkurrenten tituliert werden, es zeugt von klarem Machtbewusstsein und strategischem Geschick. So würde man das Vorgehen wahrscheinlich beschreiben, wenn es Männern gelingt, sich so zu behaupten.

Vertrauen darin haben zu können, dass Vertrauliches auch vertraulich behandelt wird, ist eine wichtige Basis für eine respektvolle Zusammenarbeit im Kabinett von Angela Merkel gewesen. Klare Absprachen im Umgang mit umstrittenen Themen, die auch für die Koalition belastend sein können, und sich an diese Absprachen zu halten, schaffen dieses Vertrauen.

Ich habe Angela Merkel als Kanzlerin mit Mut und Weitsicht erlebt. Ihr Regierungsstil unterscheidet sich deutlich von dem ihrer Vorgänger. Sachkundig, detailinformiert, abwägend und dann fundiert entscheiden.

Selbstverständlich verfolgt sie eine Politik, die für ihre Partei bei den Wahlen zu Erfolgen führen soll, aber das prägt nicht alle politischen Entscheidungen. Deshalb ist es für den jeweiligen Koalitionspartner schwierig, mit einem eigenständigen Profil zu bestehen und die Bürgerinnen und Bürger zu überzeugen. Das hat sich bei allen drei Koalitionen mit Kanzlerin Merkel seit 2005 gezeigt.

### »Wir schaffen das«

Dieser Ausspruch ist zum Sinnbild der größten Krise von Angela Merkel geworden. Nicht weil die Aussage zu diesem Zeitpunkt falsch gewesen wäre, denn was wird anderes von einer Kanzlerin erwartet, als das die von ihr geführte Bundesregierung das schafft, was sie sich vorgenommen hat, hier innerhalb der Europäischen Union in einer Ausnahmesituation Tausenden Menschen an einem Grenzzaun zu helfen. Nur Böswillige können die Aussage so verstehen, dass damit jedes Jahr eine Million Flüchtlinge nach Deutschland kommen sollen. Humanitäre Verpflichtung wahrzunehmen, ist nicht nur etwas für Sonntagsreden, sondern muss praktiziert werden.

Die Flüchtlingspolitik hat zur Polarisierung, zum unerbittlichen Streit zwischen CDU und CSU und zur Instrumentalisierung gegen die Bundesregierung und die Eliten geführt. Das hat, glaube ich, Angela Merkel in dieser Dimension im September 2015 nicht vorhergesehen.

Zur größten Herausforderung für sie und ihre Partei ist in der Folge der Grenzöffnungsentscheidung das Erstarken einer populistischen Partei, die zurück in die Zeiten des dominierenden Nationalstaates, zurück zu Abschottung und Ausgrenzung will, geworden. Eine Konkurrenz am rechten Rand zu verhindern, um damit nicht wie die SPD mit Linken und Grünen in der Gefahr zu sein, Stammwählerinnen und »Wähler zu verlieren, war immer das Ziel aller Parteivorsitzenden von CDU und CSU. Die Republikaner und die DVU konnten sich nach ihren Erfolgen wegen der Ausländer- und Asylpolitik bei einigen Landtagswahlen – in Baden-Württemberg 1992 10,9 % und Schleswig-Holstein 1992 6,7 % – nicht dauerhaft in Parlamenten etablieren und waren keine ernsthafte Konkurrenz. Das ist jetzt anders.

Bei aller Sympathie für die humanitäre Entscheidung zur vorübergehenden Aufnahme, besonders von syrischen Flüchtlingen, die ich richtig fand, hat in den Folgemonaten die Bundesregierung Fehler gemacht. Es gab kein umfassendes Konzept zur Aufnahme der Flüchtlinge, zur Bewältigung der Asyl- und Aufenthaltsverfahren, zur Unterstützung der Kommunen und zu den vielen Aspekten der Integration wie Erlernen der deutschen Sprache, Einrichtung von Schulklassen, Vermittlung in Ausbildungs- oder Arbeitsplätze und Unterbringung in Wohnungen nach Anerkennung als Asylberechtigte. Und es ist schon richtig, dass viel zu wenig erklärt und kommuniziert wurde. Ohne die ausgeprägte Willkommenskultur der Zivilgesellschaft und ihr bis heute anhaltendes Engagement wäre Chaos eingetreten. Inzwischen hat sich in den Verfahren auf allen Ebenen einiges deutlich verbessert.

Und die CDU, getrieben von der CSU, hat eine deutliche Kehrtwende vorgenommen und folgendes in der Regierung durchgesetzt: geschlossene außereuropäische Grenzen,

Türkeiabkommen, Schließen der Balkanroute, Kürzen der Asylbewerberleistungen, konsequentere Abschiebung, eingeschränkter Familiennachzug, Ausdehnung der Abschiebehaft. Das ist eine Kehrtwende, die meines Erachtens in einigen Ausprägungen zu weit geht wie zum Beispiel bei der Abschiebung von Flüchtlingen nach Afghanistan, das kein sicheres Herkunftsland ist, der Schaffung eines neuen Haftgrundes. Eine Kehrtwende, die es für Schutzbedürftige schwerer macht, überhaupt nach Europa zu kommen, aber für die anerkannten Asylbewerber die Integration stärker unterstützt. Im europäischen und außereuropäischen Vergleich ist das deutsche System bei all berechtigter innerdeutschen Kritik sehr gut. Es fehlt aber ergänzend leider immer noch ein Einwanderungsgesetz. Der unnachgiebige Streit um die CSU-Forderung nach einer jährlichen Obergrenze gefährdet die Unionseinheit wie seit dem Kreuther Trennungsbeschluss zu Strauß-Zeiten nicht mehr. An seine absolute Bedingung für jede Koalition wird sich Horst Seehofer erinnern lassen müssen. Politik ohne Spielräume und alles auf eine Karte setzen muss in den Augen von Angela Merkel alternativlos falsch sein. Diese unübersehbare Zerstrittenheit lässt die Zustimmungswerte für die Union zurückgehen. Mit dem Schulz-Hype entsteht seit Februar 2017 eine Wechselstimmung, die es bei den letzten Wahlen nicht gab.

Es ist eine in der langen Geschichte der Partei ungewohnte Situation. Sonst ist es die Bundeskanzlerin gewesen, die ihre jeweiligen Koalitionspartner durch die Übernahme von deren Positionen oder durch das weitgehende Verhindern, als Partner eigene Erfolge in der Koalition vorweisen zu können, schlecht aussehen. Und sie hat damit die eigene Position und die ihrer Partei gestärkt. Was sie drei Bundestagswahlen gewinnen ließ.

Heute ist die Ausgangslage für alle sogenannten etablierten Parteien schwieriger. Die auch schon früher latent in der Gesellschaft vorhandene Fremdenfeindlichkeit, der Rassismus und Rechtsextremismus haben mit der aktuellen Flüchtlingssituation, verbunden mit Islamophobie ein Ventil gefunden. Mit Pegida gibt es eine Plattform und mit der Alternative für Deutschland eine Partei, die alle Vorurteile und Ressentiments mit Nutzung der digitalen Kommunikations- und Manipulationsformen bedienen. Es steht viel auf dem Spiel.

# Es steht viel auf dem Spiel

## Demokratie – der Kampf lohnt sich

Dramatisieren liegt mir eigentlich nicht. Denn Politiker müssen sich immer mit den aufgrund aktueller Entwicklungen entstehenden Gefährdungen unterschiedlichster Art auseinandersetzen – Terroranschläge, Flüchtlinge und menschliche Katastrophen im Mittelmeer, Eurorettung, sexuelle Übergriffe wie in der Silvesternacht 2015, Cyberattacken, Abhören des Handys der Bundeskanzlerin und von Millionen Bürgerinnen und Bürgern, Datenschutzskandale und Krisensituationen in anderen Staaten.

Selbstverständlich rege ich mich über aus meiner Sicht unsinnige Forderungen und rigiden Haltungen auf, kritisiere sie und versuche, sie zu verhindern. Das ist gelebte Demokratie und Zivilgesellschaft, das ist die DNA der Demokratie und eine Errungenschaft gegenüber dem Meinungsdiktat eines Staates oder einer dominierenden Partei, die andere Meinungen als Angriff oder sogar als terroristische Aktion betrachten.

Die offene Auseinandersetzung über die Ziele, zu denen sich die Gesellschaft entwickeln soll und auf die ich als Politikerin hinarbeiten will, sowie das Aufzeigen des Weges dorthin mit Lösungsvorschlägen müssen kontrovers sein. Alles andere widerspräche der Vielfalt und Pluralität der Auffassungen in unserer Gesellschaft.

Pro und contra, Fakten und Meinungen, Haltungen und Wertungen, hart in der Sache, fair im Umgang und ohne Beleidigungen, das sind die Merkmale solcher Auseinandersetzungen.

Bei einer Podiumsdiskussion, rechts Jutta Limbach, 1995

Was lange selbstverständlich schien, ist heute nicht mehr selbstverständlich. Geschmacklosigkeiten, Regelverstöße, Lügen, faktenfreie Behauptungen, Verschwörungstheorien, Diffamierung der Andersdenkenden, Beleidigungen, Hassparolen, die in Ausrufen gipfeln wie »Hängt sie auf« oder »Steckt sie ins Gefängnis«, nehmen nicht erst seit dem amerikanischen Wahlkampf zu. Die Kraft der Vernunft wirkt etwas kraftlos.

Kaum ein europäisches Land, in dem rechtsextreme populistische Bewegungen und Parteien mit ihrer völkisch-nationalistischen, zuweilen ins Rassistische abgleitenden Ideologie nicht eine durchaus nennenswerte und wachsende Anhängerschaft finden und beachtliche, hier und da sogar beängstigend große Wahlerfolge erzielen.

### »Ein Gespenst geht um in Europa«

An diesen berühmten Satz, mit dem Karl Marx und Friedrich Engels bekanntlich das »Kommunistische Manifest« einleiteten, fühle ich mich angesichts der politischen Entwicklungen in Europa erinnert. Freilich ist es nicht das von Marx und Engels reklamierte Gespenst des Kommunismus. Heute ist es das Gespenst eines aggressiven Rechtspopulismus, das in fast allen europäischen Ländern sein Unwesen treibt.

In Polen regiert die Partei Recht und Gerechtigkeit (PiS) des Jaroslaw Kaczynski mit 57,2 % der Parlamentssitze. In Ungarn ist es die Partei (Fidesz) des Victor Orban, die mit 52,1 % der Parlamentssitze regiert. In Dänemark erreicht die rechtspopulistische Dänische Volkspartei unter ihrer Vorsitzenden, Pia Kjaergard, knapp 21 % und in Finnland die Partei der »wahren Finnen« 19 % aller Sitze in den jeweiligen Parlamenten. Die Vorsitzende des rechtsextremen Front National, Marine Le Pen, treibt seit Jahren die konservative und sozialistische Partei in Frankreich vor sich her. In Italien ist die Fünf-Sterne-Bewegung des Beppe Grillo bei den Wahlen 2013 zweitstärkste Kraft im Abgeordnetenhaus und im Senat geworden. Und in Deutschland ist die rechtspopulistische Alternative für Deutschland in vielen Landtagen mit durchschnittlich zweistelligen Ergebnissen auch bereits vertreten.

Wenngleich in unterschiedlichen Ausprägungen ist den hier nur beispielhaft aufgezählten Bewegungen und Parteien das Bestreben gemeinsam, ein autokratisches Herrschaftssystem zu etablieren, um mit dessen Hilfe einen ethno-nationalistischen Staat, eine, wie Victor Orban sagt, »illiberale Demokratie« zu errichten.

In dieser angestrebten »illiberalen Demokratie« sind die Presse-, Meinungs- und Religionsfreiheit und die Grundrechte in ihrer Funktion als Minderheitenschutzrechte ebenso wie die Gewaltenteilung und die Unabhängigkeit der Justiz nur störende Elemente eines vorgeblich fehlgeleiteten westlichen Liberalismus. Es sind Elemente, die zugunsten eines starken, an traditionellen nationalen Werten orientierten, ethnisch und kulturell homogenen Nationalstaates überwunden werden sollen. Die Stunde der Reaktionäre hat geschlagen, die das vermeintlich gute Gestern feiern.

Mit der anmaßenden Behauptung, dass nur sie die wahren Demokraten, dass sie die Vollstrecker des allgemeinen Volkswillens seien, suchen diese Parteien all jene Elemente des Rechtsstaats außer Kraft zu setzen, die die demokratische Grundordnung in eine freiheitliche demokratische Grundordnung verwandeln und die die Demokratie daran hindern, zu einer Despotie der Mehrheit zu entarten.

Das alles verheißt für den europäischen Kontinent und, vor allem, für das Projekt des vereinigten Europas nichts Gutes. Innerhalb der Europäischen Union sind es vor allem Ungarn und Polen und außerhalb der EU vor allem die Türkei und Russland, die am weitesten fortgeschritten sind auf dem Weg zurück in die dunkelste europäische Vergangenheit und die mit dem Ergebnis der US-amerikanischen Präsidentschaftswahl zusätzlichen Aufwind bekommen werden.

Ob mit dem Ziel des Victor Orban oder des Jaroslaw Kaczynski eine »illiberale Demokratie« oder mit dem Ziel Wladimir Putins, eine »gelenkte Demokratie« zu schaffen, glauben alle genannten Länder in den Worten Orbans »mit den liberalen Prinzipien und Methoden der Organisation einer Gesellschaft und überhaupt mit dem liberalen Verständnis von Gesellschaft brechen (zu müssen)«.

Fürwahr, das ist ihnen in den letzten Jahren gelungen: Durch radikale Medienrechtsreformen haben sie es geschafft, die öffentlich-rechtlichen Medien vollständig unter Regierungskontrolle zu bringen und die privaten Medien entweder durch Repressalien vom Markt zu verdrängen oder mittels einschüchternder Maßnahmen von jeder Regierungskritik abzuhalten und sich der Selbstzensur zu unterwerfen.

Jedenfalls rangieren mittlerweile in der von Reporter ohne Grenzen herausgegebenen Rangliste der Pressefreiheit die Türkei auf Platz 149 und Russland auf Platz 148. Und mit den Rangplätzen 67 und 47 gehören Ungarn und Polen zu den weit abgeschlagenen Schlusslichtern der EU-Mitgliedstaaten.

In ähnlicher Weise ist es allen genannten Regierungen auch gelungen, mittels der Beschneidung von Kompetenzen der obersten Gerichte und durch Reformen der Richterwahlprozesse ihren unmittelbaren Einfluss auf die Justiz auszuweiten.

Wir sind Zeitzeugen massiver Angriffe auf die Legitimität und die Rechtsstaatlichkeit der demokratischen Regierungssysteme innerhalb und außerhalb der Europäischen Union.

Aus den brandaktuellen Vorgängen, die wir derzeit in einigen EU-Mitgliedstaaten, in der Türkei, in Russland und nun auch in den Vereinigten Staaten von Amerika beobachten müssen, erwächst dem »alten Europa« nun eine Verantwortung, die durchaus als welthistorisch zu bezeichnen ist.

### Wenn Andersdenkende ausgegrenzt werden

Für mich ist das eine Verantwortung für die Freiheit, für die freiheitliche Demokratie, der wir uns mit allem Nachdruck und in aller Konsequenz stellen müssen. Ich sehe die Gefahr, dass wir sonst als Generation der Versager in die Geschichte eingehen werden.

Die Grundlagen der Demokratien stehen auf dem Spiel. Mit pauschalen Behauptungen, Schüren von Vorurteilen und aggressivem Auftreten ist ein Klima der Angst vor Fremden, vor einer anderen Religion, dem Islam, vor dem Verlust von Jobs durch Flüchtlinge und dem Verlust der eigenen Identität entstanden. Elementare Freiheitsrechte werden negiert. Das lange akzeptierte Verbot der Diskriminierung wegen Herkunft, Glauben, politischer Überzeugung und sexueller Orientierung und die Achtung der unantastbaren Würde aller Menschen verlieren bei Teilen der Bevölkerung ihre Strahlkraft und ihre Allgemeingültigkeit. Ausgrenzung, Abschottung, Protektionismus statt Humanität und Bereitschaft des gelebten Willkommens werden als angebliche richtige Antwort propagiert. Tiefe Gräben drohen sich durch die Gesellschaft zu ziehen, Abwehr bis zu Hass gegen Andersdenkende schlagen sich auch in Gewalt gegen Flüchtlinge und Hassreden im Internet nieder.

Als selbstverständlich empfundene Kulturtechniken müssen anscheinend neu eingeübt werden. Zuhören, verstehen wollen, Fakten achten, den anderen ernst nehmen sind längst nicht mehr selbstverständlich. Stattdessen gehören falsche Behauptungen über die Kriminalität von Ausländern, über den Umfang finanzieller Hilfen für Flüchtlinge, über finanzielle Belastungen der Europäischen Union, über die angeblich falsche Berichterstattung der Medien und ihre Beschimpfung als Lügenpresse zum Standardrepertoire der Vertreter der populistischen Parteien. Es soll polarisiert und die Spaltung in die Gesellschaft getragen werden.

Es geht nicht mehr um die sachliche Auseinandersetzung, es geht darum, den Konkurrenten als Feind niederzumachen. Die Auseinandersetzung wird wie ein Boxkampf geführt. Da bleiben, Verletzte zurück, die halt Opfer des Mehrheitsdiktats sind. Wo gehobelt wird, da fallen Späne. Soll es künftig auch Schlägereien im Deutschen Bundestag geben, wie es immer mal wieder im ukrainischen Parlament der Fall ist? Das ist eine Verrohung guter parlamentarischer Sitten, die ans Eingemachte unserer Demokratie geht.

Vollständig einig sind sich die rechtspopulistischen Parteien in ihrem gemeinsamen Rückgriff auf einen in Europa als längst überwunden geglaubten völkischen Nationalismus. Zur Illustration dieser ins Nationalistische und Rassistische abgleitende Gedankenwelt des Rechtspopulismus kann die Verfassungsbeschwerde dienen, mit der in Deutschland von rechtspopulistischer Seite das Ziel verfolgt wurde, die jüngste Migrationspolitik der Bundesregierung aus den Angeln zu heben. Sie wurde am 30. Januar 2016 von dem emeritierten Professor für öffentliches Recht der Universität Göttingen, Karl Albrecht Schachtschneider, gemeinsam mit den Herausgebern und Chefredakteuren der am äußerst rechten Rand der politischen Publizistik operierenden Zeitschriften Kompakt und Sezession, Jürgen Elsässer und Götz Kubitschek, sowie dem ehemaligen Akademischen Rat an der Universität Bayreuth, Hans-Thomas Tillschneider eingereicht, der jetzt dem AfD-Führungszirkel Sachsen-Anhalts angehört.

In dieser Verfassungsbeschwerde, die zum Zeitpunkt ihrer Einreichung von 22.000 Bürgern ideell und materiell unterstützt wurde, verlangen die Beschwerdeführer unter anderem, dass »die Bundeskanzlerin der Bundesrepublik Deutschland, Dr. Angela Merkel, und die Bundesregierung für den Bereich der Grenzsicherung und des Ausländeraufenthaltsrechts von der Amtsführung enthoben und bis zur Neuwahl des Bundestages im Jahre 2017 durch einen Sequester ersetzt« werden.

Obgleich die Beschwerde, wie von fast allen Verfassungsrechtlern erwartet, vom Bundesverfassungsgericht wegen offensichtlicher Unzulässigkeit und Unbegründetheit nicht zur Entscheidung angenommen wurde, ist sie doch besonders aufschlussreich. Und zwar deshalb, weil sie in unverhohlener Weise die ideologischen und agitatorischen Hintergründe aufdeckt, derer sich nicht nur in Deutschland maßgebende Repräsentanten der rechtskonservativen bis rechtsextremistischen Szene bedienen, um in der Bevölkerung eine neonationalistische und fremdenfeindliche Stimmung zu schüren und zu festigen.

Diese Stimmung dürfte nicht nur für die zunehmend guten Wahlergebnisse der rechtspopulistischen Parteien, sondern auch für die Vielzahl der in fast allen europäischen Staaten zunehmenden fremdenfeindlichen Ausschreitungen und Aktionen entscheidend und maßgeblich mitverantwortlich sein.

Im Kern läuft das Argument der Verfassungsbeschwerde darauf hinaus, dass die Bundesregierung mit ihrer Entscheidung, Flüchtlingen einen angeblich extralegalen Zugang nach Deutschland zu eröffnen, die vom deutschen Grundgesetz vorgegebene »Pflicht zur Wahrung der Identität des deutschen Volkes« verletzt und insofern in grober Weise verfassungswidrig gehandelt habe. Dieser Vorwurf trifft aber nicht zu. Diese Verpflichtung gibt es nicht.

### Was heißt deutsch sein?

Im deutschen Grundgesetz wird an drei Stellen in unterschiedlichen Zusammenhängen der Begriff des deutschen Volkes angeführt:

Zunächst in der Präambel, in der das Deutsche Volk als die verfassungsgebende Gewalt der Bundesrepublik Deutschland genannt ist.

Dann im Artikel 1 Absatz 2 des Grundgesetzes, in dem es heißt, dass das deutsche Volk sich zu den unverletzlichen und unveräußerlichen Menschenrechten bekennt.

Und schließlich im Artikel 146 des Grundgesetzes, wo unter anderem festgelegt ist, dass das Grundgesetz nach Vollendung der Einheit und Freiheit Deutschlands für das gesamte deutsche Volk gilt.

Der Begriff des deutschen Volkes bleibt im Text des Grundgesetzes weitgehend unproblematisch und auch unproblematisiert. Jedenfalls ist in keiner grundgesetzlichen Bezugnahme auf den Begriff des deutschen Volkes von dessen Identität und erst recht nicht von einer wie auch immer gearteten Pflicht zur Wahrung dieser Identität die Rede.

Auch aus der Rechtsprechung des Bundesverfassungsgerichts ergibt sich keine verfassungsrechtliche Pflicht, die

Identität des deutschen Staatsvolkes zu erhalten. Dennoch beharren die Beschwerdeführer darauf, dass durch die Zuwanderung eine über die Staatsangehörigkeit hinausreichende identitätsbestimmende Eigenschaft des Deutschseins in einem verfassungsrechtlich verbotenen Maße verändert werde.

Deutsche im Sinne der Präambel und des Art. 20 Abs. 4 GG seien aber nur die Deutschen mit deutscher Ethnie.

Obwohl die Staatsangehörigkeit durch das Staatsangehörigkeitsrecht positiviert und konkretisiert ist, wird von den Beschwerdeführern behauptet, dass sie nicht so zugesprochen werden dürfe, dass das »Deutsche des Deutschen Volkes verloren geht«.

So ähnlich äußert sich auch einer der führenden AfD-Protagonisten, Alexander Gauland, in der für ihn üblichen Mehrdeutigkeit: »Indem ich die deutsche Grenze überschreite und einen deutschen Pass habe, bin ich noch kein Deutscher.« Es ist dieses in bewusster und grober Falschinterpretation des Bundesverfassungsgerichts evozierte nationalistisch-völkische, zuweilen ins Rassistische reichende Denken, dem diese völlig abwegige Verfassungsbeschwerde eine pseudowissenschaftliche Legitimierung zu verschaffen sucht.

Aus ihr saugen nicht nur die Propagandisten rechtsextremer Strömungen und Parteien, sondern auch die Wortführer der selbsternannten Patrioten und Retter des Vaterlandes und der Alternativen für Deutschland ihren propagandistischen Honig.

Dass zu dieser Legitimierung gewollt oder ungewollt, leichtsinnig oder mit Bedacht, jüngere Einlassungen namhafter deutscher Intellektueller Beiträge liefern, ist im Lichte der deutschen Geschichte ein schier unfassbarer Vorgang. Es ist schon unfassbar, dass sich ein so überaus hoch geschätzter Autor wie Rüdiger Safranski mit seiner Einlassung, dass »die Politik die Entscheidung getroffen habe, Deutschland zu fluten und Angela Merkel ganz einfach nicht das demokratische Mandat habe, ein Land so zu verändern, wie das der Fall ist, wenn binnen Kurzem Abermillionen islamische Einwanderer im Land sind«, an ein neues nationalistisch-völkisches Denken anschlussfähig macht.

Und es ist auch kaum zu begreifen, wenn der Philosoph Peter Sloterdijk sich mit seiner Meinung, dass »die deutsche Politik sich in einem Akt des Souveränitätsverzichts der Überrollung preisgegeben habe«, zum Stichwortgeber eines neuen völkischen Nationalismus macht. Dies ist umso unverständlicher, als der Philosoph sehr gut um die Gefahren eines neu erwachenden Nationalismus weiß. Erfasst er doch in seinem jüngst erschienenen Aufsatz, den er mit »Fast heilige Schrift: Versuch über das Grundgesetz« betitelt, das vom Grundgesetz gemeinte Staatsvolk in bemerkenswerter Klarheit und Eindeutigkeit, wenn er schreibt: »Nie mehr darf das souveräne Staatsvolk als ein totales Kollektiv aufgefasst werden, erst recht nicht als eine genetisch bedingte Kollektivsubstanz im Sinne einer völkischen Ideologie.«

*Es steht wirklich viel auf dem Spiel!*

Besonders bemerkenswert ist darüber hinaus, dass, wenn auch in unterschiedlichen Nuancierungen, allen diesen Gruppierungen ausgeprägte antiislamische Einstellungen gemeinsam sind. Übereinstimmend stellen sie die verfassungsrechtlichen Freiheitsverbürgungen gewissermaßen unter Kulturvorbehalt.

Daraus ergibt sich ihrer Meinung nach das Recht, gewisse Grundrechte wie die informationelle Selbstbestimmung, das Recht auf Privatsphäre und das Versammlungsrecht nur der genuin einheimischen Bevölkerung, in Deutschland den »richtigen« Deutschen, vorbehaltlos zuzugestehen und zum Beispiel das Teilhaberecht des Islam an der Religions- und Bekenntnisfreiheit entweder völlig oder in wesentlichen Aspekten der Religionsausübung in Abrede zu stellen. Die in dieser Ausgrenzung des Fremden zum Ausdruck kommende Ablehnung einer internationalisierten und weltoffenen Kultur, die als Erosion europäischer Werte, als uneuropäisch und undeutsch diffamiert wird, ist strategisches Programm.

Auf dem Hintergrund zunehmender Angst vor »Überfremdung« und islamistischem Terrorismus, die von den Gruppierungen kräftig befördert wird, sichert es ihnen wachsende Zustimmung in der Bevölkerung. Dies lässt sich aus der jüngst veröffentlichten Studie der Universität Leipzig anschaulich entnehmen, wonach zwischen 2009 und 2016 der Anteil derjenigen, die Muslimen jegliche Zuwanderung nach Deutschland untersagen möchten, um 20 %, von 21,4 % auf 41,4 %, angestiegen ist.

### Kontrovers debattieren – fair bleiben

Die Politiker und auch die Medien müssen lernen, mit den Gegnern der offenen Gesellschaft und diesen einseitig polarisierenden Meinungen umzugehen. Es ist falsch zu meinen, es handle sich nur um eine vorübergehende Erscheinung. Solange es die Europäische Union, die Komplexität der Globalisierung und eine Flüchtlingspolitik gibt, die nicht nur aus geschlossenen Grenzen und Abschiebung besteht, so lange wird es die unverhohlene, vehemente Kritik geben, die die Sehnsucht bedient, zur alten Beschaulichkeit des »Unter-uns-Seins« und der dazu notwendigen Ausgrenzung der als fremd Empfundenen zurückzukehren.

Politiker bieten dieser Kritik besondere Angriffsflächen, wenn sie in ihren Positionen und Entscheidungen beliebig, wechselhaft und damit unberechenbar sind. Überzeugungen zu haben und sich zu ihnen zu bekennen, ist doch nichts Unanständiges. Entscheidungen daran auszurichten, ist doch selbstverständlich und nicht von vorgestern.

Meine Reaktion ist deshalb ein unmissverständliches Jetzt erst recht! Wankelmütigkeit und die Neigung, für alles Verständnis zu haben oder zumindest zeigen zu müssen, überzeugt noch nicht einmal die Gleichgesinnten, schon gar nicht Unentschlossene und diejenigen, die nach Antworten suchen.

Das habe ich aus zahlreichen kontroversen parteiinternen und parlamentarischen Auseinandersetzungen gelernt. Da hielten sich die Kontrahenten an den Grundsatz der Fairness, schenkten sich aber in der Sache nichts. Im »Wanzenballett«, wie Burkhard Hirsch und ich die Pro-und-contra-Veranstaltungen zum Großen Lauschangriff vor dem Mitgliederentscheid bezeichnet haben, haben wir das praktiziert. Wer Mehrheiten gewinnen will, muss neben guten Argumenten mit klarem Bekenntnis und mit Empathie zu überzeugen versuchen. Es geht nicht um das Verkaufen eines Produktes, es geht um die Verteidigung elementarer Werte. Da ist Offensive gefordert, nicht das Wegducken und Ohrenanlegen. Das ist schwierig, wenn die öffentliche Stimmung von Emotionen angeheizt wird und Ereignisse instrumentalisiert werden, um den Nährboden für eine Wende zu schaffen. Bei der inneren Sicherheit ist ein gern gebrauchtes Totschlagargument, dass die Überwachung vieler Menschen und umfassende Eingriffsbefugnisse den Tod Einzelner verhindern würden. Meine Antwort, zugegebenermaßen auch zugespitzt, ist, dass dann auch die Folter erlaubt sein müsste.

Es gibt eben fundamentale Werte, die nicht verhandelbar und nicht beliebig sind. Dazu gehört die Unantastbarkeit der Menschenwürde eines jeden Menschen, die sich nicht nach Rasse, Herkunft oder Religion bemisst. Und diese Errungenschaften sollen jetzt zur Disposition gestellt werden? Ja warum denn? Für ein krudes, übersteigertes Nationalbewusstsein? Das wäre falsch, vollkommen falsch.

*Es steht viel auf dem Spiel.*

Die liberale Öffentlichkeit ist noch nicht richtig vorbereitet auf diese Auseinandersetzung. Ausführliche Recherche, ohne Scheuklappen berichten, Fakten benennen, auch wenn sie einem nicht passen, wie z.B. Hinweise auf eine mögliche Täterschaft eines Ausländers, den Raum der Diskussion nicht den anderen überlassen. Das ist das Gegenteil von Lügenpresse.

Glaubwürdige Politiker können den Bürgerinnen und Bürgern Orientierung geben. Wer sich seiner Haltung vergewissert hat und seine Überzeugung lebt, der kann den Verschwörungstheoretikern, den Vereinfachern und den Lügenverbreitern Paroli bieten.

Aber um glaubwürdig zu sein, muss sich ein Politiker während seiner gesamten aktiven Zeit an seinen Haltungen und Überzeugungen messen lassen. Beliebigkeit, Kompromisse um jeden Preis ohne Rücksicht auf ganz grundsätzliche Prinzipien mögen vielleicht das politische Geschäft erleichtern, den Bürger überzeugen sie nicht. Mein Maßstab ist Authentizität durch Haltung. Ich will, dass für die Bürger meine Entscheidungen berechenbar sind, weil sie wissen, dass ich mich an für sie nachvollziehbare Werte halte. Sie sollen Vertrauen in die Politik haben können und sich ernst genommen fühlen. An diesem Maßstab habe ich mich selbst immer gemessen und messen lassen, mit allen Konsequenzen.

## Der Große Lauschangriff und die Folgen

Den 14. Dezember 1995 werde ich nie vergessen. An diesem Tag wurde das Ergebnis des Mitgliederentscheids der FDP zum sogenannten Großen Lauschangriff bekannt gegeben. Die Mehrheit hatte sich bei geringer Beteiligung entschieden, den bisherigen Kurs der Partei aufzugeben und sich für das Abhören in Wohnungen auszusprechen. Gleich am selben Tag ging ich nach der Präsidiumssitzung, auf der das Ergebnis mitgeteilt wurde, ins Justizministerium und ließ eine Pressekonferenz vorbereiten, auf der ich meine Rücktrittserklärung verlesen wollte.

Ich bin nicht die erste Politikerin, die als Ministerin während einer Legislaturperiode zurücktritt. Häufig sind es nach vorwerfbarem Verhalten erzwungene, also eher unfreiwillige Rücktritte, da das Beharrungsvermögen im Amt durch den öffentlichen Druck und die Medienberichterstattung endgültig an seine Grenze geraten ist. Da stehen Politiker dann vor der Alternative Rücktritt oder Rausschmiss.

Mein Rücktritt passt nicht in diese Kategorie. Er war völlig anders motiviert als die häufiger vorkommenden Rücktritte und ist eher mit dem Rücktritt Gustav Heinemanns vergleichbar. Nachdem er 1949 von Konrad Adenauer als damaliges Mitglied der CDU zum Innenminister berufen worden war, trat er schon ein Jahr später von diesem Amt zurück, weil er Adenauers Pläne zur Wiederbewaffnung Deutschlands und die Art seines Vorgehens am Kabinett vorbei ablehnte. Für Gustav Heinemann war ein militärisch gerüstetes Deutschland undenkbar. Heinemanns und mein Rücktritt gehören zu den wenigen, die ausschließlich wegen einer inhaltlichen Frage, wegen eines Gewissenskonflikts und nicht wegen eines Fehlverhaltens wie jüngstens einer abgeschriebenen Doktorarbeit erfolgt sind.

Mein Rücktritt war der tiefste Einschnitt in meinem politischen Leben – nach meiner ersten Ernennung zur Justizministerin im Mai 1992, die für mich ja vollkommen unerwartet erfolgte. Alles in allem war ich in drei Legislaturperioden Justizministerin, in den ersten beiden nicht die ganze Zeit. In der Legislaturperiode von 1990 bis 1994 trat ich das Amt erst Mitte 1992 an.

Und in diese meine erste Amtszeit fiel die außergewöhnlichste Entscheidung in einer Koalitionsregierung, die es je gegeben hat. Die FDP reichte beim Bundesverfassungsgericht Klage ein gegen die Entscheidung der Regierung, der sie angehörte. Es ging um den Bundeswehreinsatz im Ausland, konkret in Afghanistan. Es ging um AWACS-Flüge in einem nicht humanitären Einsatz. 1994 schuf das Gericht die Parlamentsarmee, die mit Zustimmung des Bundestages im Ausland auch zu Kampfeinsätzen geschickt werden kann. Ein langjähriger Streit war juristisch geklärt. Klaus Kinkel und ich haben diese Klage, die von der Fraktion eingereicht wurde, begründet. Ja, wir wollten die Koalition nicht verlassen, aber verbindlich geklärt wissen, unter welchen Voraussetzungen das Leben von Bundeswehrsoldaten riskiert werden darf.

### Geglückte Reformen

Nach der Wahl 1994 wurde die Koalition CDU/CSU/FDP mit Helmut Kohl fortgesetzt, und ich wurde wieder zur Justizministerin ernannt. Das war – daran erinnere ich mich noch gut – damals vollkommen unstrittig. Die Frage »Kann die das?« wurde nicht mehr gestellt. Nachdem ich mich in das Amt eingefunden hatte, hieß es allenthalben: Das macht sie ganz ordentlich, das kann sie weitermachen. Es gab überhaupt keine Personaldiskussion, und die FDP stellte damals auch keine Überlegungen an, ihr Profil zu modifizieren, sprich von ihren drei Ressorts Außen, Wirtschaft und Justiz abzugehen. Dieses Profil war über die Jahrzehnte entwickelt worden, hatte sich bewährt und in den entsprechenden Ressorts niedergeschlagen: Außenpolitik, Wirtschaftspolitik und Freiheitsrechte. Da wurde der FDP Kompetenz zugerechnet. Mit profilierten Persönlichkeiten hatte sie einige grundlegende Weichenstellungen der Nachkriegspolitik, ganz besonders in der Ostpolitik, vorangetrieben und mit Gerhart Baum als Innenminister in der sozialliberalen Koalition bewiesen, dass Grundrechte und innere Sicherheit keine unauflösbaren Gegensätze sind.

1994 wurde ich also zum zweiten Mal Ministerin und bekam meine dritte Urkunde. Man erhält eine Urkunde bei der Ernennung; und wenn die Legislaturperiode vorbei ist, wird man automatisch entlassen, erhält zu diesem Anlass auch eine Urkunde und kann in der nächsten Legislaturperiode wieder ernannt werden. Das Erste, was mir Hans-Dietrich

Genscher vor meiner ersten Amtszeit scherzhaft mit auf den Weg gegeben hatte, war die Empfehlung gewesen: »Sehen Sie zu, dass Sie immer eine ungerade Anzahl an Urkunden haben!« Seine Anzahl als am längsten amtierender Außenminister – über 18 Jahre – und vorheriger Innenminister war beeindruckend.

In meinen knapp vier Jahren als Bundesjustizministerin von 1992 bis 1996 war ich mit vielen Fragen und grundlegenden Reformen des Kindschaftsrechts befasst, dazu gehörten besonders die Abschaffung der antiquierten Bevormundung durch die Amtspflegschaft für nichteheliche Kinder und eine stärkere Betonung des gemeinsamen elterlichen Sorgerechts bei Trennung und Scheidung.

Obwohl es nur einen Strafrechtsparagrafen betraf, war die Abschaffung des historisch belasteten Paragrafen 175, der so viel Unrecht angerichtet hatte, eines meiner gesellschaftlich wichtigsten Vorhaben. Für meine tiefe Überzeugung war besonders bedeutsam, dass gerade nicht jedes Verhalten, das den moralischen Übereinkünften zuwiderlaufen mag, einen Strafanspruch des Staates legitimiert. Das Strafgesetz ist die ultima ratio zum Schutz der Rechtsgüter des Einzelnen. »Moral und Ethik gedeihen besser in der Freiheit als in den Akten von Ermittlungsbehörden«, hat es sehr zutreffend der Rechtsanwalt Dr. Herbert Ernst Müller 1967 formuliert.

Endlich wurde am 10. März 1994 der »Paragraf der Schande« Geschichte, endlich konnte über eingetragene Lebenspartnerschaften geredet und dann auch entschieden werden. Schwule und Lesben wurden in der Gesellschaft sichtbar und damit ein starker Emanzipationsschub ausgelöst. Mit der Gründung der Bundesstiftung Magnus Hirschfeld in meiner zweiten Amtszeit habe ich auch das Ziel verfolgt, endlich den Betroffenen des Straftatbestandes 175 mit einem Archiv der anderen Erinnerung ein dauerndes Gedenken zu verschaffen. Mein Nachfolger hat ihre materielle Rehabilitierung weiter vorangebracht.

Jetzt war auch der Weg frei für eine Reform des Jugendschutzes vor sexuellem Missbrauch, die in einer nicht am Geschlecht orientierten einheitlichen Jugendschutzbestimmung bestand. Kindesschutz und Jugendschutz beinhalten damals wie heute grundlegende gesellschaftliche Fragen, die vom Schutz der Kinder vor Gewalt und sexuellem Missbrauch bis zur Veränderung der Form des Zusammenlebens reichen. Im Justizministerium war jedenfalls viel zu tun.

Da saß ich in Bonn im zehnten Stock eines der drei Hochhäuser, in denen die Ministerien für Bildung, Wissenschaft und Justiz untergebracht waren, und empfand meine Arbeit als sehr bereichernd und spannend. Den Mitarbeiterinnen und Mitarbeitern im Ministerium gerecht zu werden, mit ihnen die jeweiligen Gesetzesvorhaben juristisch zu besprechen und die politischen, interessengeleiteten Fallstricke auszuloten, war inspirierend und fordernd. Fordernd waren auch die sehr umstrittenen Vorhaben in der Koalition und auch innerhalb der FDP-Bundestagsfraktion.

## RAF und die Terrordebatte

Um zu erklären, wie es innerhalb der FDP zum Paradigmenwechsel in der Gewichtung von Freiheit und Sicherheit, also zur Zustimmung zum Großen Lauschangriff kam, muss ich ein wenig ausholen.

1994 war die Politik noch stark mit der Deutschen Einheit beschäftigt, aber die Koalition litt gleichzeitig unter Ermüdungserscheinungen. Es war inzwischen die vierte Legislaturperiode Schwarz-Gelb mit Helmut Kohl als Bundeskanzler. War die Deutsche Einheit als einmaliges historisches Ereignis noch einmal ein richtiges Highlight gewesen, so fehlte doch die gemeinsame Aufbruchstimmung, die Lust auf Neues, obwohl gerade rechtspolitisch viel passierte: 1992 erfolgte beispielsweise die grundlegende Begrenzung des Asylgrundrechts. Damals stiegen die Flüchtlingszahlen, Anfang der 1990er-Jahre belief sich die Zahl auf fast 400 000 mit steigender Tendenz. Der dadurch motivierten fremdenfeindlichen Ausschreitungen und rassistischer Gewalt stellte sich die Politik auch mit Lichterketten, gemeinsam mit Bundespräsident Richard von Weizsäcker, entgegen. Die Botschaft war klar: Die Würde aller in Deutschland lebenden Menschen ist unantastbar. Wir stehen gemeinsam für diese Werte.

Mit dem letzten RAF-Anschlag in Bad Kleinem 1993 brandete die Terrordebatte und die Diskussion um das effektive Vorgehen gegen Kriminelle wieder auf. Die Auseinandersetzung über den Großen Lauschangriff ist auch in diesem Zusammenhang zu sehen. Sie begann erneut innerhalb der FDP, als die Umfragewerte nicht gut und die Stimmungsquoten in den Umfragen zur Koalition auch nicht gerade überwältigend waren. Die »Kohl-Dämmerung« nahte. Bei den Bürgerinnen und Bürgern hatte sich das Gefühl breitgemacht, dass zwar alles, was die Deutsche Einheit betraf, einigermaßen gut gelungen war, doch das Ereignis selbst entfachte nach 14 Jahren schwarz-gelber Koalition nicht mehr den Enthusiasmus, der anfangs vorhanden war. Darüber hinaus fehlte im Kabinett die Begeisterung beim gemeinsamen Regieren, obwohl immer wieder spannende neue Themen – vor allem in Hinblick auf Europa – zu beraten und zu gestalten waren. Die 1983 geformte Wunschkoalition, die zu tiefen Verwerfungen in der FDP geführt hatte, war in die Jahre gekommen.

Innerhalb der FDP gab es leider von jeher die Auffassung – das gehört quasi zu ihrer Geschichte –, sie sei zweigeteilt in einen Bürgerrechtsflügel und einen Wirtschaftsflügel. Auf der einen Seite also die Wirtschaftsliberalen, die als die eigentlich »richtigen« Liberalen mit ordnungspolitischem Marktwirtschaftsprofil angesehen wurden, und auf der anderen Seite die Bürgerrechtsliberalen, die eher links eingeordnet wurden. Für mich war und ist das ein falsches und unsinniges Liberalismusverständnis: Sich für Bürgerrechte einzusetzen, ist Kernelement und eine der unverzichtbaren Wurzeln des politischen Liberalismus. Das ist nicht links, sondern mittendrin, denn es geht um das Substanzielle in unserer Demokratie, es geht darum, die Rechte der Bürger zu schützen, sie vor Willkür und unangemessener Überwachung, was in der deutschen Geschichte vor 1949 und in der DDR zum täglichen Leben gehörte, zu bewahren. Als Antwort auf den Naziterror bekamen die Grundrechte als Abwehrrechte gegen den Staat einen ganz anderen Stellenwert mit der verfassungsrechtlichen Verankerung. Deshalb habe ich immer leidenschaftlich für den ganzheitlichen Liberalismus gekämpft, für das Credo: im Zweifel für die Freiheit, in allen Fragen unserer Gesellschaft. Ich kann nicht Wirtschaftsliberaler und kein Bürgerrechtsliberaler sein. Beides gehört untrennbar zusammen. Es sind zwei Seiten einer Medaille.

### Bedrohungsszenarien als Legitimation für politisches Handeln

An diesen Richtungsfragen entzündeten sich in der Vergangenheit innerhalb der Partei schon immer heftige Diskussionen und polarisierende Debatten. Eine war die zum strafbewehrten Vermummungsverbot 1987. Auf dem Parteitag in Mannheim wurde – nach heftigen Debatten mit Gerhart Baum und Burkhard Hirsch als profilierte Gegner des verschärften Vermummungsverbots – gerade auch mit Blick auf den Koalitionsfrieden mehrheitlich die bisherige Position der FDP verändert. Burkhard Hirsch hatte die Debatte damals lakonisch als »Kampf um die Lufthoheit über den Stammtischen« bezeichnet. Trotz guter Argumente in der Sache, dass nicht jeder Bürger verpflichtet sein sollte, immer und überall sein Gesicht bei friedlichen Versammlungen, die auch von der Polizei aufgezeichnet werden können, zeigen zu müssen, siegte am Ende die Einschätzung, dass die FDP – unabhängig von der Wirkung des Vermummungsverbotes – wegen der aufgeheizten Stimmung nach den gewalttätigen Auseinandersetzungen an der Frankfurter Startbahn West die von der Union geforderte Gesetzesverschärfung nicht blockieren wolle. Es spielte keine entscheidende Rolle, was das bringen würde, aber den Liberalen blies der Wind ins Gesicht und sie fürchteten sich vor dem Vorwurf, für die Eskalation der Gewalt in der Öffentlichkeit verantwortlich zu sein.

Das Argumentationsraster bleibt immer gleich und die Strategie der Befürworter von mehr Kontrolle und Überwachung, die Stimmung für sich zu wenden und die Angst der Bürger vor Gewalt, Terror und Kriminalität zu instrumentalisieren, gelingt meistens.

Dieselbe Situation stellte sich dann als Nächstes beim Thema organisierte Kriminalität. Sie ist begrifflich schwer zu fassen, es gibt keine allgemein verbindliche Definition und keinen Straftatbestand »organisierte Kriminalität« in

Deutschland. Zahlreiche Delikte werden organisiert begangen, Drogenhandel, Geldwäsche, Raubüberfälle, Menschenhandel und können neben den entsprechenden Straftatbeständen auch als Bildung einer kriminellen Vereinigung bewertet werden, die für jedes Mitglied der Gruppe die Taten der anderen zurechenbar macht.

Jeder Bürger hat von der italienischen Mafia aus den Nachrichten gehört, und es gibt Angst vor den unterschiedlichen Formen der organisierten Kriminalität, heute besonders vor den in Deutschland verübten Einbruchdiebstählen, gezielt auch begangen von Banden.

In den 1990er-Jahren wurde sie politisch instrumentalisiert. Sie wurde als große, als DIE Gefahr für die innere Sicherheit, für die körperliche Unversehrtheit der Bürgerinnen und Bürger und für ihr Eigentum bewertet und benutzt. Die politischen Muster sind immer gleich: Bedrohungsszenarien entwickeln, Ängste der Menschen hervorrufen oder steigern und damit die Stimmung für dringendes politisches Handeln erzeugen. Dann ist der Druck angeblich so groß, dass dieser Gefahr vermeintlich nur durch zügiges Handeln des Gesetzgebers mit Verschärfung der Eingriffsbefugnisse der Polizei, also mit ausgedehnten Überwachungsmaßnahmen, wirkungsvoll begegnet werden kann. In dieser öffentlichen Stimmungslage ist es extrem schwierig, mit sachlichen Bedenken hinsichtlich der Notwendigkeit und Angemessenheit dieser Verschärfungen und hinsichtlich des tiefen Eingriffs in die Rechte der Bürger auf Schutz ihrer Privatsphäre, ihrer privaten Kommunikation und ihres Verhaltens in ihren eigenen vier Wänden durchzudringen. Bedenkenträger und Blockierer zu sein, sind die harmlosen Standardvorwürfe, denen man ausgesetzt ist.

Die organisierte Kriminalität darf natürlich nicht verharmlost, aber auch nicht überbewertet werden. Vor allen Dingen darf sie nicht instrumentalisiert werden, um sich damit als handlungsstarke Politiker verkaufen zu können. Die damalige Auseinandersetzung gipfelte in der Frage: Braucht die Polizei neben den bereits üblichen Telefonüberwachungsmaßnahmen bei Vorliegen eines Tatverdachts zusätzlich die Möglichkeit, heimlich in Wohnungen das, was dort gesprochen wird, aufzuzeichnen und zu verwerten?

Wir, die Gegner dieser Maßnahmen, haben diese akustische Wohnraumüberwachung als das bezeichnet, was sie ist, ein Großer Lauschangriff auf die Privatsphäre. Man hat uns Polemik vorgeworfen, die nicht so richtig verfing, da das Wort Lauschangriff aus dem Kreis der Innenminister stammte. Der technische Begriff, die elektronische Wohnraumüberwachung, hört sich eher etwas harmlos an. Ich bleibe bei der Bezeichnung Großer Lauschangriff, denn darunter kann man sich bildlich das heimliche Eindringen in Wohnungen und das Anbringen von Wanzen vorstellen. Damals gab es noch nicht die technischen Möglichkeiten, die wir heute haben. Ein Handy lässt sich heute gezielt orten, selbst wenn es ausgeschaltet ist. Über die Funkzellen kann festgestellt werden, welches Handy sich in einem bestimmten Umkreis eingeloggt hat. Das Smartphone ist ein Paradies für Hacker, IT-Konzerne und staatliche Sicherheitsbehörden, um möglichst viel über den Nutzer zu erfahren.

Solch eine ausgefeilte Technik gab es damals noch nicht, aber natürlich Wanzen und Richtmikrofone – Abhörgeräte, die heimlich installiert wurden. Das Szenario muss man sich etwa so vorstellen: Polizeibeamte dringen in die Wohnung einer Privatperson ein, wenn niemand dort ist – es darf ja nicht bemerkt werden –, und bringen wie in James Bond-Filmen Abhörgeräte im Telefon, im Schrank, in einer Blumenvase, in allen Zimmern an, um Gespräche aufzunehmen, die der Überwachte im Wohnzimmer, im Schlafzimmer oder im Bad führt. Es handelt sich also um ein Eindringen in den privatesten Bereich, von dem das Bundesverfassungsgericht gesagt hat, er müsse als letzte private Zuflucht geschützt werden. Der Schutzraum des Einzelnen – sein Haus, seine Wohnung, die Zimmer – hat als Ausdruck der Privatsphäre einen besonderen Rang. Art. 13 des Grundgesetzes schützt die Unverletzlichkeit der Wohnung. Es ist ein Grundrecht des Bürgers, das der Gesetzgeber als Verfassungsrecht zu achten hat und in das nicht unverhältnismäßig eingegriffen werden darf.

### Privatsphäre: Voraussetzung für die freie Entfaltung der Persönlichkeit

Für jeden Menschen muss es eine solche Zuflucht geben, wo er sich mit seiner Familie und seinen Freunden frei, offen und unbelauscht über alles unterhalten kann. Wenn er diese nicht mehr hat und weiß, er ist in seinen privaten Räumen – nicht in Büroräumen – rund um die Uhr niemals mehr nur für sich, fehlt ihm etwas Entscheidendes zur freien Entfaltung seiner Persönlichkeit. Der Mensch braucht diese vertrauliche letzte private Zuflucht, sie gehört zum Menschsein.

Daraus folgt: Jeder Mensch sollte sich seines Rechts auf Schutz der eigenen Privatsphäre bewusst sein und darauf bestehen. Denn erst das Private macht die Persönlichkeit aus. Privatsphäre ist Voraussetzung für die Ausbildung einer individuellen Persönlichkeit sowie der persönlichen Freiheit und Autonomie. Das Bedürfnis nach Privatsphäre besteht für mich nicht nur gegenüber einer allgemeinen Öffentlichkeit, sondern ebenso innerhalb enger freundschaftlicher Beziehungen. Damit das funktionieren kann, ist gegenseitiges Vertrauen notwendig und die Einsicht, vom anderen nicht alles wissen zu können, auch nicht die geheimsten Gedanken. Sich frei entfalten zu können und all das zu verbergen, was mir als das Private und meine Persönlichkeit Kennzeichnende wichtig ist, bedeutet für mich auch, Geheimnisse zu haben. Ich will nicht alles von allen wissen, ich will mich nicht damit belasten und ständig neugierig auf noch mehr Offenbarung sein. Ich will meinen Freunden, Bekannten und den Bürgern als eine Person gegenübertreten, die die Privatsphäre und die jeweiligen Geheimnisse der anderen als solche schätzt, respektiert und akzeptiert.

Das muss gelebt werden – auch in der Politik. Die Entscheidung für den Großen Lauschangriff war eine Weichenstellung, ich habe sie als einen Paradigmenwechsel empfunden in der Gewichtung von Freiheit und Sicherheit. Natürlich muss man eine Balance finden, weil einerseits Sicherheit für die Menschen und für die Allgemeinheit tendenziell immer ein ganz starkes Gewicht hat und andererseits Freiheit und Privatsphäre immer durch mehr Sicherheit eingeschränkt werden. Sich um die innere Sicherheit zu sorgen, ist eine herausragende Aufgabe des Staates mit seinem Gewaltmonopol. Die Grundrechte der Bürger einzuschränken, muss an der Verfassung gemessen werden. Nie darf deren Wesensgehalt angetastet werden, wie es ausdrücklich in Art. 19 Absatz 2 des Grundgesetzes vorgeschrieben ist.

Liberale Politik im Interesse der Bürger als Grundrechtsträger stellt sich dieser schwierigen Abwägung und beantwortet sie in der Wertschätzung der Grundrechte eben im Zweifel zugunsten der Freiheitsrechte.

Bis zu diesem Zeitpunkt hatte sich die FDP auf vielen Parteitagen klar gegen den Großen Lauschangriff ausgesprochen – aus ganz grundsätzlichen Erwägungen: Nicht jeder Zweck heiligt jedes Mittel, die Unverletzlichkeit der Wohnung, Artikel 13 Grundgesetz, ist dabei ausdrücklich geschützt.

Nebenbei bemerkt: Mir war immer bewusst, dass Deutschland angesichts seiner jüngeren Geschichte eine besondere Verantwortung für die Rechte der Bürger hat. Während der Naziherrschaft musste die Unverletzlichkeit der Wohnung der generellen Verletzlichkeit durch willkürliche Staatsmacht weichen. Da konnte es sein, dass morgens um 4 Uhr bewaffnete Uniformierte vor der Tür standen, eindrangen, alle Zimmer durchsuchten und die Bewohner mitnahmen. Damals bestand keine Möglichkeit, sich rechtsstaatlich dagegen zu wehren.

### Damit meine Worte und Taten zusammenpassen

Während die Union schon immer für den Großen Lauschangriff gewesen ist, war meine Partei immer dagegen – das war sozusagen die bekannte Schlachtordnung. Obwohl es damals, Mitte der 1990er-Jahre, bei den bekannten unterschiedlichen Auffassungen keinen Streit in der Koalition gab, waren einige in der FDP, besonders einige Bundestagsabgeordnete, der Meinung, das Thema müsse in der Koalition geklärt, also abgeräumt werden. Ich betone, es fand zu diesem Zeitpunkt keine Diskussion darüber statt – die Parteien waren halt unterschiedlicher Meinung, aber das Thema stand nicht aktuell auf der Tagesordnung nach dem Motto: Wir erwarten jetzt unbedingt einen Gesetzentwurf der Justizministerin. Diese Eskalationsstufe war nicht erreicht.

Bundeskanzler Helmut Kohl, der ein feines Gespür für ein funktionierendes Koordinatensystem in einer Koalition hatte, war das Thema nicht so wichtig, um es zum Koalitionsthema zu machen. Er war immer der festen Überzeugung, dass jeder Koalitionspartner sein eigenes Profil auch in der Koalition schärfen muss, um bei Wahlen bestehen zu können. Es war also kein Druck vorhanden, dennoch wollten einige FDPler das Thema vom Tisch haben, weil es angeblich so schwierig zu kommunizieren war. Sie forderten eine Kehrtwende. Nach Beschlüssen der Parteigremien wurden die Parteistatuten dahingehend geändert, dass ein Mitgliederentscheid innerhalb der Partei durchgeführt werden konnte, was bis dahin nicht möglich war. Die neuen Regelungen dienten eindeutig als Mittel zum Zweck, die Parteiposition zu ändern. Damit war die Grundlage gelegt und in den Führungsgremien der FDP wurde beschlossen, zum Thema Großer Lauschangriff einen Mitgliederentscheid durchzuführen.

Innerhalb der Partei wurde die Pro- und Contra-Position von einigen Matadoren an der Spitze vertreten: Jörg van Essen, ein früherer Leitender Oberstaatsanwalt aus Hamm, war ein überzeugter Befürworter, während Burkhard Hirsch, Gerhart Baum und ich die Gegenposition vertraten. In den Veranstaltungen traten wir abwechselnd auf: einer pro, einer contra, und anschließend wurde debattiert. Das war in der zweiten Jahreshälfte 1995.

Ende 1995 erfolgte dann die Abstimmung, an der sich 43,09 % der 80305 Mitglieder beteiligten. Davon hat sich die Mehrheit von 64 % für den Großen Lauschangriff ausgesprochen. Damit war der Große Lauschangriff, wenn auch nicht überzeugend, doch mit Mehrheit angenommen. Das Ergebnis wurde am 14. Dezember 1995 im Präsidium bekannt gegeben. Unmittelbar danach habe ich meinen Rücktritt als Ministerin angekündigt.

Für mich gab es keinen anderen Weg. Ich war fest davon überzeugt, dass dieser Grundrechtseingriff falsch war, hatte das immer wieder voller Überzeugung vertreten, mich in meiner Haltung nicht beirren lassen und sollte mich nun darauf reduzieren lassen, ausführendes Organ für die Beschlüsse der Partei zu sein? Unglaubwürdiger hätte ich nicht werden können. So viel Biegsamkeit und Beliebigkeit kann es nicht geben. Im Amt zu bleiben und wie ein Neutrum die Gesetze zur Umsetzung des Mitgliederentscheids erarbeiten zu lassen, war unvorstellbar. Das wäre Opportunismus, der Inbegriff gefährlicher Prinzipienlosigkeit, gewesen – mit dem Ziel, im Amt zu bleiben und die Argumentation halt anzupassen, also das Gegenteil meiner vorherigen Auffassung als richtig zu vertreten. Außerdem hätte ich meinen politischen Handlungsspielraum komplett aufgegeben und mich zur Handlangerin von anderen gemacht. Nein, das hatte nichts mit meinem Verständnis von der Aufgabe einer Politikerin zu tun, die den Bürgern Rechenschaft schuldig ist, ob sie zu ihren Worten steht, ob Worte und Taten zusammenpassen oder ob Worte zu Worthülsen verkommen. Das hatte auch nichts mit meinem Verständnis vom Ministeramt zu tun. So gegen die eigene Überzeugung zu handeln und das dann auch am Kabinetttisch und mit Reden im Bundestag vertreten zu müssen, wäre ein nicht zu rechtfertigender Vertrauensmissbrauch gegenüber den Bürgerinnen und Bürgern gewesen, die sich auf meine Aussagen verlassen hatten. Die rote Linie wäre überschritten worden.

Einige Parteikollegen waren verblüfft, denn mein Verhalten war für sie unerwartet und unvorstellbar. Wie konnte man etwas so Herausragendes wie ein Ministeramt aufgeben – ich war zu diesem Zeitpunkt dreieinhalb Jahre Ministerin in zwei Legislaturperioden – An dem Tag, an dem das Präsidium morgens die Entscheidung offiziell mitgeteilt hatte, ging ich anschließend ins Ministerium und berichtete meinen Mitarbeitern in der Führungsebene vom Ergebnis und meinem beabsichtigten Rücktritt. Wir hatten ein etwas bedrückendes, aber gutes Gespräch, und es trat auch die Frage auf, ob der Rücktritt wirklich unausweichlich sei. Ich hatte mir lange und in Ruhe vor der Abstimmung mein Verhalten überlegt, alle Aspekte abgewogen und war zu dieser klaren Entscheidung gekommen. Ich wollte meine Überzeugungen nicht wegen eines noch so schönen und verantwortungsvollen Amtes aufgeben. Ich wollte zu meinen Worten stehen. Ich wollte glaubwürdig bleiben und mich jeden Tag im Spiegel anschauen können. Ich war nicht abhängig von der Partei und wichtigen Ämtern. Ich war meinem Gewissen verantwortlich.

Diejenigen, die mich gut kannten, wussten das, allen voran mein Mann. Er stand an meiner Seite und bestärkte mich in meiner Haltung. Mein Vater war ein wenig überrascht und hielt meine Konsequenz nicht für notwendig – einfach weil er das Amt als zu bedeutend und wertvoll angesehen hat. Auch für mich ist das Amt des Bundesjustizministers neben dem eines Bundesverfassungsrichters das höchste und anspruchsvollste Amt, das es für einen Juristen gibt. Ich habe es sehr gern ausgeübt. Nach der Einarbeitungszeit habe ich mit den hervorragenden Mitarbeiterinnen und Mitarbeitern in einem offenen und qualitätsvollen Arbeitsklima viel gestalten können. Es lag mir fern, das leichtfertig aufzugeben. Aber es war nicht leichtfertig, konsequent zur Verteidigung der Grundrechte zu stehen. Es war eben nicht nur eine

Parteientscheidung, sondern die FDP-Bundestagsfraktion wollte sie dann in der Koalition umsetzen und die entsprechenden Gesetze einschließlich der Einschränkung des Art. 13 Grundgesetz beschließen. Dafür wäre ich als Bundesjustizministerin federführend zuständig gewesen.

Unabhängigkeit war und ist ein wichtiger Teil meines Lebens und hat mir die notwendige Sicherheit für meine Entscheidung gegeben. Ich wusste, dass ich als ausgebildete Juristin jederzeit in meinen früheren Beruf beim Deutschen Patent- und Markenamt zurückgehen kann. Ich blieb Bundestagsabgeordnete und blickte nicht in eine unsichere Zukunft. Dies gibt den Rückhalt für inhaltliche Unabhängigkeit, für das Einstehen für Werteorientierung. Haltung ist Stärke. Und Stärke ist auch Macht.

### Erklärung zum Rücktritt

*Pressekonferenz am 14. Dezember 1995 in Bonn*

Der Mitgliederentscheid zum heimlichen elektronischen Aushorchen von Privatwohnungen hat eine Mehrheit für eine Änderung der bisherigen Beschlussfassung zweier FDP-Bundesparteitage ergeben.

Damit hat die FDP-Basis der FDP-Bundestagsfraktion und dem federführenden Bundesministerium der Justiz den Auftrag erteilt, über die Einführung des »Großen Lauschangriffs« mit den Koalitionsparteien CDU/CSU Verhandlungen zu führen. Da ich aus Überzeugung diese Änderung der bisherigen liberalen Rechtspolitik ablehne, kann ich die von den Mitgliedern mehrheitlich getroffene Entscheidung nicht im Interesse der FDP glaubwürdig vertreten. Daraus habe ich die Konsequenz gezogen und heute den Herrn Bundeskanzler gebeten, dem Herr Bundespräsidenten meine Entlassung aus dem Amt der Bundesjustizministerin vorzuschlagen.

Ich habe immer, so auch in den letzten Wochen in vielen Veranstaltungen gegen diese Position gekämpft und deutlich gemacht, dass ich die Entscheidung für den »Großen Lauschangriff« als wichtiges Indiz für einen Richtungswechsel in der Innen- und Rechtspolitik der FDP werte. Sie ist für mich ein entscheidender Schritt weg vom Konzept des liberalen Rechtsstaats, dessen Recht primär Abwehrrecht des Bürgers ist, hin zum Konzept eines konservativen Schutzstaats, dessen Recht primär Eingriffsrecht des Staates ist.

Wer aber nicht länger den Schutz des Bürgers vor dem Staat, sondern den Schutz des Bürgers durch den Staat ins Zentrum liberaler Politik stellen will, der gibt im schlimmsten Falle Liberalismus auf oder im besten Falle sich der Illusion hin, Liberalismus sei »halbierbar«. Er schließt ein politisches »Bündnis der Unbeweglichkeit«, das dem organisierten Liberalismus seine Existenzberechtigung entzieht. Konservatives Sicherheitsdenken in der Innenpolitik und liberales Denken in der Wirtschaftspolitik passen ebenso wenig zusammen, wie sozialdemokratisches Versorgungsdenken in der Wirtschaftspolitik mit liberalem Denken in der Innenpolitik. Die Freiheit, die ich meine, ist nicht teilbar.

Beide »halbierte« Liberalismen schränken gleichermaßen die Handlungs- und Lebensgestaltungsalternativen der Bürger und Bürgerinnen ein. Sie erzeugen das Anspruchsdenken gegen den zunehmend überforderten Schutzstaat, der, um seine Überforderung zu kaschieren, in irrationale Ersatzpolitik, in Populismus und in Symbolpolitik verfällt. »Ein Volk« aber – ich zitiere Alexis de Tocqueville –, »das von seiner Regierung nichts fordert als das Wahren der Ordnung, ist in seinem Innersten bereits Sklave, es ist Sklave seines Wohlergehens und der Mann, der es in Ketten legen soll, kann auftreten …« Diese Einsicht sollte den Liberalen Aufforderung zur Besinnung auf die liberale Erkenntnis sein, dass die »Stärke des Staates« mit der »Schwäche des Bürgers« einhergeht.

Denjenigen, die außerhalb und innerhalb der FDP meinen Rücktritt vom Amt als Bundesjustizministerin herbeigesehnt haben, mag ihre Freude vergönnt sein. Diejenigen, die mich von meinem Rücktritt abhalten wollten, bitte ich um Verständnis dafür, dass glaubwürdige und im Grundsätzlichen standfeste Politik die entscheidende Vorbedingung für die Zukunft des organisierten Liberalismus ist. Denjenigen, die meinen Schritt mitgetragen haben, danke ich für ihr Verständnis und für ihr Vertrauen. Allen aber gebe ich mein Wort, dass ich auch in Zukunft in der FDP fest an der Seite derer stehe, die jetzt erst recht für eine selbstbewusste, ganzheitliche und gegen jede opportunistisch-verengte liberale Politik streiten.

Und das haben wir dann auch gemacht.

## Jeanne d'Arc und Madame No

Als ich am 17. Januar 1996 die Entlassungsurkunde erhielt, die Anzahl meiner Urkunden entgegen der Empfehlung Hans-Dietrich Genschers also eine gerade wurde, war er es, der mir zur Seite stand. Er rief mich an und fragte, wie ich denn den Tag geplant hätte. Er wusste, dass es in einer solchen Situation neben den inhaltlichen auch wichtige praktische Dinge gibt, die zu organisieren sind.

Erhalten hatte ich meine erste Ernennungsurkunde 1992 von Bundespräsident Richard von Weizsäcker. Er ist einer der von mir am meisten geschätzten Politiker. Einige sehr gute Vier-Augen-Gespräche mit ihm in der Villa Hammerschmidt in Bonn sind mir nachhaltig in Erinnerung geblieben – zum Beispiel über die RAF-Häftlinge, über Versöhnung und Vergeltung und einzelne mögliche Begnadigungen und ihre Zukunft nach der Verbüßung ihrer Haftstrafe.

Bevor mir jetzt Bundespräsident Roman Herzog die Entlassungsurkunde überreichte, war ich nervös und aufgeregt.

Ernennung zur Bundesjustizministerin durch Bundespräsident Richard von Weizsäcker am 18.5.1992 in Bonn

Der frühere Präsident des Bundesverfassungsgerichts hatte gerade zu Jahresbeginn den bundesweiten gesetzlichen Gedenktag an die Opfer des Nationalsozialismus, den 27. Januar, eingeführt. Daran würde ich als Bundestagsabgeordnete teilnehmen. Solche Gedanken gingen mir durch den Kopf. Nachdem ich die Urkunde von ihm erhalten hatte, war das Ausscheiden aus dem hohen Staatsamt endgültig. Ich war nicht mehr Ministerin, ich hatte keinen herausragenden Status mehr und damit auch keinen Dienstwagen. Vom Bundespräsidialamt wurde ich zwar zurück ins Justizministerium gefahren, denn es lagen ja noch die Amtsübergabe an meinen Nachfolger Edzard Schmidt-Jortzig, die Verabschiedung von den Mitarbeiterinnen und Mitarbeitern und die

Aushändigung der Entlassungsurkunde durch Bundespräsident Roman Herzog nach dem Rücktritt am 17.1.1996

Mitnahme einiger persönlicher Erinnerungen vor mir. Aber danach musste ich mich wieder selbst um meine Fortbewegung kümmern. Hans-Dietrich Genscher dachte an solche Dinge, die mir an diesem Tag nicht wichtig waren. Er rief mich einen Tag vorher an und fragte, ob ich schon für meine Beförderung gesorgt hätte. Sonst müsse man das sofort organisieren. Und er hatte sich in meine Lage versetzt und sagte weiter, an einem solchen Tag, an dem man sicher nicht gerade fröhlich aufgelegt sei, dürfe man nicht allein sein und sich nicht im Abgeordnetenbüro vergraben. »Das ist ein schwieriger Tag, aber es werden noch andere folgen. Einen solchen Abend allein zu verbringen – das geht gar nicht. Wir zeigen uns«, forderte er mich auf. Er lud mich in sein Bonner

Stammlokal ein, wo wir zu dritt – seine Frau kam auch mit – einen vergnügten Abend verbrachten. Das hat mir sehr geholfen. Daran sieht man, dass ein Parteifreund auch ein wirklicher Freund sein kann. Hans-Dietrich Genscher war nicht nur mein politischer Förderer, sondern auch mein Freund.

Er hat mitgefühlt und mitgedacht. Er war der einzige Politiker, der sich an diesem Tag gemeldet hat, andere sind gar nicht auf die Idee gekommen. Vielleicht konnte er die Situation, in der ich mich befand, am besten nachempfinden, denn sie war ihm natürlich nicht unbekannt. Er selbst war ja 1992 für die Öffentlichkeit sehr überraschend zurückgetreten und wusste, welche praktischen Folgen für den Alltag so ein Schritt hat. Dass man von einer Sekunde auf die nächste Minister a.D. ist und deshalb natürlich keinen Zugriff mehr auf die ministerielle Infrastruktur hat.

Mit Hans-Dietrich Genscher habe ich mich hervorragend verstanden. Wir haben in all den Jahren bis zu seinem Tod 2016 viel miteinander gesprochen, immer wieder zu allen politischen Ereignissen telefoniert. Seine Einschätzung war mir wichtig. Und seine unverrückbare Haltung zum vereinigten Europa gegen alle Kleingeistigkeit hat mich beeindruckt und geprägt.

Er hatte auch ein echtes Interesse an meinen Positionen und fragte manches Mal dezidiert nach: »Warum nehmen Sie diese Haltung ein?« Dann hab ich ihm meine Argumente, Strategien und politischen Beweggründe erklärt und oft sagte er: »Ja doch, das überzeugt mich.« In anderen Fällen riet er mir, mich nicht sofort öffentlich in dieser Weise zu positionieren. »Überlegen Sie es sich doch noch einmal, wollen Sie es wirklich so?« Mich hat er immer zum Nachdenken angeregt. Ich habe dann meine Haltung zwar nicht aufgegeben, aber vielleicht anders angefasst oder taktisch anders vorbereitet. Ich habe gelernt, differenzierter zu diskutieren, nicht immer gleich mit dem Kopf durch die Wand zu wollen. Von Anfang an waren unsere Gespräche für mich sehr inspirierend, wegen seiner unglaublichen Erfahrung und seines politischen Gespürs lehrreich, hilfreich, und sie gehörten bis zu seinem Tod einfach zu meinem Leben. Er fehlt wirklich sehr.

In Dresden mit Hans-Dietrich Genscher, seiner Frau und Gerhart Baum (v.r.n.l.)

## Der »Freiburger Kreis«: frischer Wind für die FDP

Die Tage und Wochen unmittelbar nach meinem Rücktritt waren eine besondere und eigenartige Zeit. Die sogenannten und für manche so wichtigen »Machtinstrumente« wie Diensthandy, Logistik, habe ich nicht vermisst, aber die große Fachkompetenz der Mitarbeiter und die Möglichkeit, in der Öffentlichkeit meinungsbildend zu wirken, die fehlten. Als einfache Abgeordnete hatte ich mein Büro, meine zwei Mitarbeiter. Ich war selbstständiges Arbeiten gewohnt, bin immer gern selbst Auto gefahren und habe meine Angelegenheiten erledigt, aber ich musste mich in dieser neuen Situation natürlich erst einmal sortieren.

Innerhalb der FDP gab es bezüglich des Großen Lauschangriffs zwar keine Spaltung, aber doch große Unzufriedenheit und Gruppen mit rechtspolitisch unterschiedlichen Auffassungen. Es bestand offensichtlich intensiver Diskussionsbedarf, um Austritte zu verhindern. Ich habe dann mit Gerhart Baum und Burkhard Hirsch und sehr vielen Parteifreunden den Freiburger Kreis gegründet – in Anlehnung an die Freiburger Thesen der FDP, denen wir uns verpflichtet fühlten. Eines unserer ersten Treffen in Fulda war unerwartet gut besucht. Hunderte Parteifreunde waren gekommen, eben diejenigen, die sich in der Partei nicht mehr so richtig wiederfanden und die diesem Paradigmenwechsel des rechtspolitischen Profils entgegenwirken wollten. Mir wurden damals von einigen führenden FDP-Politikern Vorwürfe gemacht: »Das kannst du doch nicht machen, eine Gruppierung innerhalb der FDP, wir gehören doch alle zusammen.« Darauf konnte ich nur antworten, sie sollten doch froh sein, dass wir uns im Freiburger Kreis so einsetzen würden, weil sonst wahrscheinlich viel mehr Mitglieder die FDP verlassen hätten. Da alle Teilnehmer ihre Kosten selbst tragen mussten, zeigte sich das große Interesse und auch das Bedürfnis zum offenen Austausch anstatt parteilicher Rituale.

Im Freiburger Kreis haben wir uns schon damals auch intensiv mit Einwanderung und Flüchtlingspolitik befasst, ge-

Im Plenarsaal im Bonner Wasserwerk mit Hans-Dietrich Genscher, Gerhart Baum und Burkhard Hirsch (hintere Reihe v.l.n.r) in den 90er Jahren

nauso wie mit Fragen der sozialen Gerechtigkeit und der Auswirkungen der Globalisierung auf den Zusammenhalt der Gesellschaft. Wir haben alternative Diskussionsformen ausprobiert, hervorragende Referenten unabhängig von der Parteizugehörigkeit eingeladen und Anträge in die Partei eingebracht. Letztendlich fand dort ein Selbstfindungsprozess, ein liberaler Selbstvergewisserungsprozess statt mit dem Ziel, diese Haltungen stärker in die FDP einzubringen und durchzusetzen. Viele Jahre war der Freiburger Kreis mit einem harten engagierten Kern aktiv.

Natürlich bin ich auch von vielen gefragt worden, warum ich nicht austreten und in eine andere Partei eintreten würde. Das stand für mich nie zur Disposition. Es entsprach einfach nicht meinen Überzeugungen. Eine andere Partei war für mich unvorstellbar. Auch wenn ich in anderen Parteien die eine oder andere Position gut teilen konnte, so fehlte doch die Grundübereinstimmung. Ich bin einfach eine unverbesserliche Liberale. Jedenfalls wäre ein Austritt aus der FDP für mich nicht in Betracht gekommen. Meine unmittelbare Konsequenz lautete damals: Ich trete nicht aus, sondern kämpfe innerhalb meiner Partei dafür, dass Bürgerrechtsthemen nicht unter die Räder kommen.

Wenn ich ein Fazit ziehen soll, komme ich zu dem Schluss, dass ich gerade durch meine Haltung beim Großen Lauschangriff und meinen Rücktritt nicht nur an Bekanntheit, sondern auch an Ansehen weit über die Partei hinaus gewonnen habe.

### Lohn für den schweren Schritt

Gleich vom ersten Tag an erhielt ich unzählige Briefe – damals noch klassisch, in Papierform. Die Zeit der E-Mails war noch nicht angebrochen. Ich hab sie alle aufgehoben, ordnerweise und sehr viele beantwortet. Darunter waren sehr ermutigende und anerkennende Reaktionen. Ich fühlte mich als Politikerin noch einmal ganz anders eingeordnet und bewertet. Ja auch geehrt und bestätigt. Auch von daher denke ich im Rückblick, dass mein Rücktritt absolut richtig war. Im Zweifel war ich ohnehin nie, auch wenn ich einräumen muss, dass meine Handlungsweise nicht alternativlos war. Doch aus meiner Sicht wäre eben alles andere falsch gewesen. Ich hätte auch dem Ansehen der Politik insgesamt keinen Gefallen getan, denn dann hätte es – zu Recht – geheißen: Die Politiker kleben alle an ihrem Stuhl. Ich wollte mich nicht nach dem Motto »ich rette jetzt das Ansehen der Politik« zur Obermoralistin aufschwingen, aber es war mir unmöglich, die gängigen Vorurteile sehenden Auges zu bedienen – nach dem Motto: »Eine Mehrheit hat entschieden, ich habe gesagt, ich bin dagegen, lassen wir es dabei und gehen wir weiter zur Tagesordnung über. Politik machen heißt doch auch, andere Meinungen anzuerkennen und dann halt die eigenen Befindlichkeiten zurückzustellen.« So funktioniert Politik für mich nicht. Ich erkenne andere Auffassungen selbstverständlich an, aber ich will mich nicht mit ihnen gemein machen. Das ist für mich absolut unmöglich.

## Ein starker Abgang

*Auszüge aus Briefen unmittelbar nach dem Rücktritt*

14.12.95
Seit langer Zeit wird endlich einmal von führenden Menschen dieses Gemeinwesens, mit dem sicherlich erhebliche Teile der Bevölkerung sich identifizieren und an dessen Wohlergehen ein profundes Interesse besteht, eigentlich selbstverständliche politische Verantwortung demonstriert und damit der sich bedenklich ausbreitenden Verdrossenheit gegenüber »der Politik, den Parteien« entgegengewirkt.

14.12.95
Die größte Hochachtung von ganzem Herzen haben ich und meine Freunde vor Ihnen, denn Sie sind die erste Frau der Politik, die so einen Mut gegenüber den Männern gezeigt hat.

15.12.95
Ich war beeindruckt von Ihrem persönlichen Agieren als Ministerin. Und im Übrigen habe ich als Bonner Journalist schon viele MinisterInnen kommen und gehen sehen – aber noch keiner hatte einen so starken Abgang wie Sie, politisch und menschlich. Und noch nie gab es nach meinen Beobachtungen nach einem abrupten Ende eine so starke Presse.

15.12.95
Ihr Entschluss ist mir sehr verständlich. Er verdient höchste Anerkennung. Er ist ein unübersehbarer Schritt gegen die sogenannte Parteienverdrossenheit. Eine Tat, die ich bewundere. Ein vornehmes und wirklich demokratisches Verhalten.

15.12.95
Nach dem gestrigen Tag fühle ich mich veranlasst, Ihnen meine Bewunderung und meinen Respekt zum Ausdruck zu bringen. Eine Ministerin, die zurücktritt, weil sie Prinzipien hat, ist in den heutigen Zeiten eine seltene Ausnahme geworden. Hätten wir mehr Menschen in der Politik, die ihre Sache mit solcher Geradlinigkeit zu vertreten wüssten, wäre es anders und besser um diese Republik bestellt. Ich hoffe mit Ihnen, dass Ihr Schritt nicht ohne Wirkung bleiben wird und die einen nachdenklich macht, die anderen ermutigt, sich nachdrücklich für den Erhalt der Werte einzusetzen, die mit dem Begriff des politischen Liberalismus verbunden sind.

17.12.95
Ich schreibe Ihnen, weil ich sehr bewegt bin von Ihrem Rücktritt. Sie treten zurück, weil Ihnen Ihre politische Haltung ein weiteres Verbleiben im Amt unmöglich macht – wann hat es das zuletzt gegeben? Vielleicht bei Herrn Heinemann? Vor allem aber ist es die politische Haltung selbst, der ich meinen Respekt bekunden möchte.

18.12.95
Erlauben Sie uns bitte, Ihnen zu Ihrem aufrechten und konsequenten Schritt unsere höchste Anerkennung auszusprechen. Sie sollen wissen, dass auch Juristen, die nicht Ihrer Partei angehören, Ihre Standhaftigkeit und Konsequenz gegen manch vordergründigen Populismus hoch anerkennen.

18.12.95

Sehr geehrte Frau Leutheusser-Schnarrenberger
Im Moment gibt es großen Ärger
Aber niemals sollen Sie sein verdrossen
Denn viele Bundesbürger haben Sie ins Herz geschlossen
Sie sind in Ihrer Politik stets ehrlich
Die Wege in Bonn sind oft beschwerlich
Drum wünsche ich für die Zukunft das Beste
Feiern Sie zu Weihnachten dennoch feste

20.12.95

Wir haben Ihre konsequente, überzeugende Argumentation gegen die Aushöhlung des Art. 13 GG verfolgt und sind dankbar für Ihre charaktervolle Haltung nach dem Votum Ihrer Parteimehrheit. Gut, dass es noch Vorbilder für unsere Jugend gibt!

20.12.95

Ihr Rücktritt zeigt mir, in der Politik gibt es noch Charaktere. Einer Ihrer Vorgänger in dieser Situation war der ehemalige Bundespräsident Heinemann. Ein Zitat von ihm: »Politik verdirbt nicht den Charakter, sondern schlechte Charaktere verderben die Politik.«

20.12.95

Sie sind eine Frau mit Feingefühl und eine Ehre für unser Land. Demokratie ist Ihnen ein Begriff. Danke. Solch eine Frau verdient Anerkennung.

22.12.95

Es ist erfreulich zu sehen, dass es in unserer Republik noch Politiker gibt, die zu ihren Überzeugungen und Ideen stehen. Ihr Rücktritt hat ein Zeichen gesetzt. Die Politik ist wieder ein Stück glaubwürdiger geworden.

3.1.96
Obwohl ich nicht aus Ihrem politischen Lager komme, muss ich Ihnen allerhöchsten Respekt bezeugen für die selbstlose Aufgabe Ihrer Position im Kabinett zugunsten der Freiheit der Bürger.

15.1.96
So bedauerlich Ihre Entscheidung für einen Rücktritt vom Ministeramt auch ist, so halte ich sie jedoch für konsequent und für eine Dokumentation, dass es auch heute noch PolitikerInnen gibt, für die das Wort Rückgrat nicht nur ein orthopädischer Begriff ist.

16.1.96
Als Ausländerin, die kein Wahlrecht besitzt, fühlte ich mich stets gesichert unter Ihrer juristischen Aufsicht. Sie waren sozusagen eine Hoffnung in diesem konservativen politischen Umfeld. Sie haben mutig den richtig liberalen Kurs gezeigt. Immer wieder konnte ich bei Ihnen sehen, dass Sie die Freiheit des Andersdenkenden zu bewahren versuchten. Daher halte ich Sie für eine der wenigen wirklich liberalen Politiker/innen Deutschlands. Als Ausländerin fand ich es immer beneidenswert, dass dieses Land eine solche Justizministerin hat.

Natürlich habe ich 1998 meine Möglichkeiten als Abgeordnete genutzt und gegen den Gesetzentwurf zur Einführung des Großen Lauschangriffs gestimmt – da war ich in sehr guter Gesellschaft. Es gab zwar eine ausreichende Mehrheit, die dafür war, aber immerhin stimmten auch einige namhafte Abgeordnete der Koalition dagegen. Leider haben die Medien damals sehr zögerlich berichtet. DER SPIEGEL hatte beispielweise erst spät, Anfang Januar 1998, kurz bevor das Verfahren durch den Bundestag abgeschlossen wurde, eine Sondernummer mit einem Aufmacher gegen den Lauschangriff veröffentlicht. Das war gut, aber man hätte dieses Grundsatzthema früher und intensiver öffentlich intonieren müssen. Auch Journalisten und die Pressefreiheit waren davon betroffen. Mit dieser Kampagne zum Endspurt gelang es wenigstens, diese Berufsgruppe vom Lauschangriff auszunehmen.

### Und ich hatte recht

2004 erfolgte dann die bahnbrechende Entscheidung des Bundesverfassungsgerichts. Es entschied, dass die Grundgesetzänderung des Art. 13 GG zur Einschränkung der Unverletzlichkeit der Wohnung zwar rechtskonform, die Ausfüh-

Mit Burkhard Hirsch und Gerhart Baum im Bundesverfassungsgericht in Karlsruhe nach der Urteilsverkündung zum Großen Lauschangriff, 2004

rungsbestimmungen zu dem Gesetz aber verfassungswidrig waren und daher geändert werden müssten. In einem Minderheitenvotum hatten die zwei exzellenten Verfassungsrichterinnen Renate Jaeger und Christine Hohmann-Dennhardt sogar die Grundgesetzänderung für verfassungsrechtlich bedenklich gehalten. Das war für Gerhart Baum, Burkhard Hirsch und mich als Beschwerdeführer eins der schönsten gemeinsamen Erlebnisse, das wir zusammen gefeiert haben. Burkhard Hirschs Verdienste als überragender Jurist sind nicht wegzudenken, wenn es um die Ausarbeitung und konkreten Formulierungen der Verfassungsbeschwerde geht. Gerhart Baum bringt seine große Erfahrung ein. Nach der Entscheidung des Bundesverfassungsgerichts haben wir natürlich zusammengesessen und auf unseren Erfolg angestoßen, aber es gab keine durchfeierte Nacht. Selbstredend hat mich besonders diese Entscheidung mit Stolz und Genugtuung erfüllt, aber ich habe im Nachhinein nicht ausgelassen triumphiert. Es war viel Zeit seit meinem Rücktritt vergangen, und es hatte in diesen 9 Jahren viele gute und interessante Gespräche in der Partei gegeben. Ich war trotz oder wegen meines Rücktritts in das Parteipräsidium in einer Kampfkandidatur gewählt worden. Und nicht wenige Liberale haben irgendwann eingestanden, dass die Entscheidung für den Großen Lauschangriff damals doch falsch gewesen ist. Genützt hat sie der Partei unterm Strich jedenfalls nichts – im Gegenteil: Seit dieser Entscheidung hatte sie das Stigma bekommen, nicht mehr Bürgerrechtspartei zu sein. Und es hat lange gedauert, dies wieder zu korrigieren, eigentlich bis zur klaren ablehnenden Haltung zur anlasslosen Vorratsdatenspeicherung in der letzten Legislaturperiode 2009. Alles das war für mich kein Grund, aufzutrumpfen. Ich war einfach überwältigt von der Entscheidung des Bundesverfassungsgerichts, mit der ich so vollumfänglich nicht gerechnet hatte. Es war zweifellos ein prägender Moment in meinem politischen Leben, zu erleben, wie Politik so grundsätzlich korrigiert wird. Bis heute ist diese Entscheidung ein Meilenstein in der Grundrechtsrechtsprechung.

### Sicherheitsrisiko Sabine Leutheusser-Schnarrenberger

Als ich im Januar 1996 nach meinem Rücktritt die Entlassungsurkunde entgegennahm, hätte ich mir natürlich nicht träumen lassen, dass ich 2009, 13 Jahre später, noch einmal von der Partei gefragt werden würde, Justizministerin zu werden. Mir war von Anfang an bewusst, dass das schon etwas ganz Besonderes war, was es vorher noch nicht gegeben hatte, nach so langer Zeit noch einmal in das »alte« Ressort zurückzukehren.

Die Anfrage kam für mich überraschend und setzte die Linie der überraschenden Wendungen fort, die meinen politischen Werdegang von Anfang an bestimmt hatten. Ich habe daraus verschiedene Lehren gezogen, zum Beispiel, nicht mit aller Macht zu versuchen, eine bestimmte Position zu erreichen. Das kann nicht gelingen. Aber man darf sich einer Chance nicht verweigern – das war und ist meine Grundeinstellung: Wenn sich überraschende Dinge in einem Bereich tun, in dem man sich selbst etwas zutraut, dann muss man die Chance ergreifen. Ich war zu keinem Zeitpunkt eine Karriereplanerin für die Zukunft, sondern eine Chancennutzerin in der Gegenwart.

Gezögert habe ich nicht, dieses Angebot anzunehmen. Ich hatte ja schon zusammen mit Wolfgang Schäuble die Koalitionsverhandlungen im Bereich Recht und Innen geführt mit klaren Vorstellungen, was die FDP in der Koalition in diesem Bereich durchsetzen wollte. Die Verhandlungen erstreckten sich wegen der guten Vorbereitung und der von Schäuble und mir gemeinsamen Strategie, uns zu einigen und keine Streitpunkte in die große Verhandlungsrunde zu geben, nur über 14 Tage. Ich hatte also etwas Zeit, mich innerlich damit zu beschäftigen, dass das Amt wieder auf mich zukommen könnte. Für diesen Fall der Fälle hatte ich nicht lange überlegen müssen. Ich wollte nicht mit aller Macht Ministerin sein, aber ich fand die Aufgabe erneut sehr reizvoll, wieder politisch gestalten zu können. Es stand ja die anlasslose Vorratsdatenspeicherung zur Diskussion. Beim Bundesverfassungsgericht war auch mit meiner Verfassungsbeschwerde gegen das Gesetz das Verfahren dazu anhängig, und ein EU-Vertragsverletzungsverfahren wegen der Nichtumsetzung der EU-Richtlinie schwebte wie ein Damoklesschwert über der Bundesregierung, besonders über dem federführenden Justizministerium. Es musste also wieder gekämpft und auch ein Nein zu einer wie auch immer gestalteten anlasslosen Datenspeicherung gesagt und durchgestanden werden.

Allgemein herrscht ja die Auffassung, man dürfe in der Politik nicht generell Nein sagen, wenn man doch kooperieren muss und etwas erreichen will. Das ist so ein Grundtenor: Konsens und Kompromiss als Leuchttürme der politischen Verhandlungskunst. Weil ich das anders sah und einen Kompromiss um jeden Preis und unter Aufgabe der eigenen Position nicht als Erfolg bewertete, gab man mir irgendwann den Spitznamen Madame No. So haben mich besonders einige Innenpolitiker genannt. Der Vorwurf des Sicherheitsrisikos war damals beim Lauschangriff immer das vorherrschende Thema. Als Günther Beckstein Innenminister in Bayern war, galt ich als das personifizierte Sicherheitsrisiko. In seinen Augen war ich verantwortlich für Überfälle und Gewalttaten, weil ich mich den Maßnahmen verweigert habe, die das alles angeblich hätten verhindern können. Also Polemik pur. Ministerpräsident Edmund Stoiber bezeichnete mich in einem Interview mit der BILD-Zeitung als Fehlbesetzung für das Amt der Justizministerin, vor der er von Anfang an gewarnt habe. Am 25. Juli 1993 lautete die BILD am SONNTAG-Schlagzeile sogar »Justizministerin ist ein Sicherheitsrisiko«. Viel Feind, viel Ehr gilt auch in der Politik. Das gab einen Vorgeschmack auf die landespolitischen Auseinandersetzungen in Bayern.

Seit 2000 war ich Vorsitzende der bayerischen FDP, die sich damals auf einem Tiefpunkt befand, bei den Landtagswahlen nur 1,7 % erzielte und 2003 auch wieder den Einzug in den Landtag verfehlte. Vor den Landtagswahlen 2008 befand sich aber auch die CSU in einer schwierigen internen Lage – Edmund Stoiber war zum Rücktritt gezwungen worden, Erwin Huber und Günther Beckstein führten die CSU, allerdings ziemlich glücklos. Die FDP nutzte diese Chance und die Stimmung in der Bevölkerung. Sie erreichte bei der Landtagswahl 2008 8 %, während die CSU seit 40 Jahren erstmals die absolute Mehrheit verlor. Das bedeutete die einmalige Chance, durch eine Koalitionsregierung einen Wechsel in Bayern herbeizuführen und das Land liberaler zu gestalten. Diese Gelegenheit habe ich genutzt, weil mir klar war, dass die CSU nicht die Freien Wähler aufwerten wollte. Horst Seehofer war die Person, die die CSU aus dieser Misere herausführen konnte. Er hatte die Situation voll erkannt und wusste, dass es nur den Weg der Koalition gab. So kam es, dass ich als Bürgerrechtlerin mit der CSU in gegenseitigem Respekt erfolgreiche Koalitionsverhandlungen führte.

Bayerischer Abend des Deutschen Juristentags, München 2012

Um in den Verhandlungen erfolgreich zu sein, hatte ich mich zusammen mit den gewählten Landtagsabgeordneten und Parteifachleuten gut vorbereitet. Ich hatte auch andere Landtagsfraktionen der FDP – zum Beispiel die niedersächsische – in die Vorbereitung einbezogen und ging mit einem klaren inhaltlichen Fahrplan in die Verhandlungen. Persönliche Interessen belasteten mich nicht. Ich war Bundestagsabgeordnete und hatte nicht die Absicht, als Ministerin in die Landespolitik zu wechseln. Es ging mir also nur um Inhalte. So verbuchte ich mit der FDP den größten historischen Erfolg der letzten Jahrzehnte. Wir nutzten die Chance im Koalitionsvertrag und stellten einige liberale Weichen. Die Verhandlungen in unserer damaligen Landesgeschäftsstelle am

Der Scheiterhaufen als Podest – das gibt der F.D.P. den Rest ...

Rindermarkt mit vielen CSU-Ministern und Sicherheitsleuten habe ich bis heute nicht vergessen.

Madame No – das war die eine Seite. Andere haben mich die Jeanne d´Arc der Bürgerrechte genannt. In diesem Spektrum habe ich mich lange bewegt: So oder so. Der Karikaturist Ernst Maria Lang hat damals eine tolle Zeichnung für die Süddeutsche Zeitung angefertigt, auf der ich Weihnachten im Schnee ein Paket aus dem Ministerium heraustrage: Das Paket enthält die Grundrechte.

Mal tut man etwas, das von allen bejubelt wird, dann kommt eine Phase, in der man Widerstand zu spüren bekommt. Auf einmal sind alle dagegen. Dann wird polemisiert, dann wird man persönlich niedergemacht – das finde ich schlimm. Sachlich kann mir jeder alles an den Kopf werfen, damit habe ich überhaupt kein Problem, aber wenn es ins Persönliche geht, verbitte ich es mir. Auf dieses Niveau habe ich mich nie begeben. Nicht nur weil es die Argumen-

»Irgendwie hat das ganze ja Stil ...!«

tation entkräftet, sondern einfach, weil es nicht einmal den einfachsten Formen des anständigen Umgangs entspricht. So geht man nicht miteinander um, auch nicht unter Konkurrenten.

Jeanne d'Arc oder Madame No – die Berichterstattung über mich war sehr ambivalent. Einige haben mich gefragt, warum ich so grundsätzlich argumentiere. Manche nannten meine Begründungen sogar fundamentalistisch. Das bin ich überhaupt nicht, im Gegenteil: Fundamentalisten mag ich nicht, denn sie vertreten ohne Wenn und Aber ihre Ideologie, ohne sie wirklich auch zu hinterfragen. Das bin ich nicht, aber ich habe durchaus feste Prinzipien und Überzeugungen, die ich mit Haltung vertrete, die ich immer wieder reflektiere und mit der Realität abgleiche.

# Die zerschützte Freiheit

## Das Recht auf Privatsphäre

»Ich habe doch nichts zu verbergen«, »der Staat kann ruhig meine Kommunikation überwachen«, »die Behörden dürfen wissen, wann ich mich wo aufhalte und was ich im Flugzeug esse«, sind immer wieder Äußerungen von Bürgerinnen und Bürgern, mit denen ich mich über die aus meiner Sicht zu weit gehende Überwachung und Kontrolle im öffentlichen und privaten Raum unterhalte. Telefondaten sammeln und speichern, Gespräche in der Wohnung belauschen, meine Daten als Flugreisender verwerten oder mittels Handyortung herausfinden, wo ich mich aufhalte – wo ist das Problem? Wenn es etwas bringt, dann soll es der Staat doch machen dürfen. Ich habe doch nichts vor ihm geheim zu halten.

Diese Haltung bringt zunächst einmal ein großes Vertrauen in den Staat zum Ausdruck. Das ist nicht unbedingt etwas Schlechtes. Denn wir brauchen in angespannten Zeiten Vertrauen in die staatlichen Institutionen und in ihre Handlungsfähigkeiten. Es bringt aber gleichzeitig eine Gedankenlosigkeit und Naivität im Umgang mit der eigenen Persönlichkeit zum Ausdruck, die mich immer wieder aufs Neue erschrecken lässt. Ja, ist denn diesen Bürgerinnen und

Bürgern nicht bewusst, dass es gar nicht darum geht, ob sie etwas zu verbergen haben, sondern dass es den Staat grundsätzlich nichts angeht, was wir denken, glauben, reden und tun? Wir müssen nichts preisgeben, sondern der Staat kann dann etwas von uns erfahren, uns beobachten, ausforschen, überwachen, screenen, sich in unseren Computer hacken, wenn es dafür ein ausdrückliches öffentliches Interesse gibt, wenn die Kriterien gesetzlich klar festgelegt sind, wenn diese im Einklang mit unseren Grundrechten stehen und es eine rechtsstaatliche Kontrolle gibt.

Ja, ich habe etwas zu verbergen. Es ist meine Privatheit, das, was mich als Privatperson ausmacht. Was ich denke, fühle, kommuniziere und was ich auf die Beine stelle. Je mehr ich von mir öffentlich preisgebe, umso weniger bleibt verborgen.

Meistens wollen die Bürgerinnen und Bürger mit der Aussage »ich habe doch nichts zu verbergen« nur ausdrücken, dass sie nicht kriminell, keine Terroristen und auch nicht in unerlaubte Handlungen verwickelt sind. Insofern hätten sie ja nichts Unrechtes zu verbergen. Aber genau das legitimiert den Staat nicht, vieles vom Bürger wissen zu wollen. Wir haben das Recht, als unbescholtene Bürger in Ruhe gelassen zu werden und auch alles verbergen zu dürfen.

Die Sicherheitspolitiker haben es mit so einer Grundeinstellung der Bürgerinnen und Bürger wie »der Staat darf schon viel von mir wissen« leichter als die Rechtspolitiker.

Warum bin ich dann nicht Sicherheitspolitikerin geworden?

Die breite Zustimmung der Bürgerinnen und Bürger ist einer Sicherheitspolitikerin eher gewiss. Das Bedürfnis nach Sicherheit in allen Lebenslagen ist – vielleicht manchmal etwas unreflektiert – ausgeprägt. Die Bürgerinnen und Bürger wünschen sich den Schutz durch den Staat vor der Unübersichtlichkeit der Globalisierung – mit dem globalen Dorf können sie, was nachvollziehbar ist, im täglichen Leben nicht viel anfangen. Sie wünschen sich staatlichen Schutz vor dem Armutsrisiko im Alter, vor dem Zusammenbruch von Banken mit der Gefährdung ihres Ersparten, vor Terroranschlägen, vor Kriminalität, überhaupt Schutz davor, Opfer zu werden und hilflos zu sein. Die Politiker mit den vollmundigsten Sicherheitsversprechungen haben meistens zunächst in der Gunst der Bürgerinnen und Bürger die Nase vorn.

Nach seriösen demoskopischen Untersuchungen gibt heute eine Mehrheit derjenigen Deutschen, die überhaupt eine Meinung zu dem Spannungsfeld von Freiheit und Sicherheit haben, im Zweifelsfalle der Sicherheit den Vorzug vor der Freiheit. Ein unter dem Gesichtspunkt von Freiheit und Verantwortung frustrierender Befund, der sich in einer alternden Gesellschaft wie der deutschen nach Meinung der Demoskopen weiter verstärken wird, weil das Sicherheitsbedürfnis mit höherem Alter eher zunimmt. Sage und schreibe 80 % aller Deutschen erklären sich sogar mit rechtsstaatlich unvertretbaren und verfassungswidrigen strafrechtlichen Maßnahmen einverstanden, wenn sie auf die Erhöhung der inneren Sicherheit zielen.

### Unter Umständen lebensrettend – die Verfassung

Die erst vor Kurzem geführte, etwas anders gelagerte Debatte zum Buch und Schauspiel »Terror« des Autors Ferdinand von Schirach hat das leider bestätigt. Vor dem Hintergrund der Entscheidung des Bundesverfassungsgerichts zum Luftsicherheitsgesetz ging es um die Frage, ob ein Bundeswehrpilot der Luftwaffe ein von Terroristen entführtes Passagierflugzeug mit Hunderten Passagieren an Bord in der Luft abschießen darf, um den geplanten Absturz in eine größere Menschenmenge und damit den möglichen Tod vieler Menschen am Boden zu verhindern. Ganz zugespitzt heißt das: Was ist mehr wert? Das Leben von 400 Passagieren in der Hand von Terroristen oder das Leben von 5000 und mehr Menschen am Boden. Ein moralisch nicht zufriedenstellend auflösbares Dilemma. In der Abstimmung des Publikums nach der Vorführung des Films oder des Schauspiels votierte eine deutliche Mehrheit für den Abschuss des Flugzeugs. Das Leben der Menschen am Boden schien schutzwürdiger zu sein, das Leben der entführten Passagiere sowieso dem Tode geweiht.

Das Bundesverfassungsgericht hatte sehr grundsätzlich genau anders entschieden. Wegen der Verletzung des Grundrechts auf Leben in Art. 2 Abs. 2 und des Schutzes der Menschenwürde in Art. 1 Grundgesetz ist eine gesetzliche Bestimmung, die den Abschuss eines entführten Flugzeugs mit Menschen an Bord unter bestimmten Voraussetzungen regelt, vollumfänglich verfassungswidrig. Menschenleben können und dürfen nicht gegeneinander abgewogen werden. Die Menschen im Flugzeug dürfen nicht zum bloßen Objekt degradiert werden.

Diese verfassungsrechtlich gebotene und richtige Bewertung mag nicht jedem auf den ersten Blick einleuchten, denn das Leben von Menschen in der Hand von Terroristen scheint stärker bedroht als das Leben der durch einen möglichen Anschlag Gefährdeten. Und muss nicht alles getan werden, um größeren Schaden, also mehr Tote, abzuwenden? Auf den zweiten Blick wird klar, dass ohne diese Grundsatzentscheidung gegen die Abwägbarkeit von Menschenleben die Menschenwürde antastbar würde. Menschenleben könnten, in unterschiedliche Kategorien aufgeteilt, unterschiedlich schutzwürdig erscheinen. So könnten Einheimische gegen Ausländer, Christen gegen Muslime oder Junge gegen Alte in Stellung gebracht werden. Religionsfreiheit für Christen, aber nicht für Muslime, da der Islam politisch und islamistischer Terrorismus ohne den Islam und Muslime nicht denkbar sei. Das Leben von Deutschen könnte im Fall der entführten Passagiermaschine als höherrangig bewertet und, bei Ausländern im Flugzeug, dessen Abschuss auch mit dem Schutz des Lebens von Deutschen am Boden begründet werden. Beispiele dieser Art lassen sich beliebig fortsetzen. Ohne die grundsätzliche Entscheidung des Bundesverfassungsgerichts könnte der Wertekanon unseres Grundgesetzes leicht durcheinandergeraten. Es würden sich die Maßstäbe dahingehend verschieben, dass die Unantastbarkeit der Menschenwürde regulierbar und regelbar würde. Wären dann noch Waterboarding oder Inhaftierungen wie in Guantanamo angesichts großer Terrorgefahr generell ausgeschlossen? Dieser Aspekt ist bei den öffentlichen Diskussionen und den Abstimmungen zum »Terror«-Schauspiel zu kurz gekommen. Er war nicht präsent.

Anhand dieses Beispiels wird sichtbar, dass von der Mehrheit der Bürgerinnen und Bürger die verfassungsrechtlich bedenkliche, aber die Sicherheitserwartungen der Menschen besser bedienende Haltung bevorzugt wird.

Und trotz dieser eher den Nerv der Menschen berührenden Law-and-Order-Politik bin ich nicht Sicherheitspolitikerin geworden. Das hat nichts mit Masochismus zu tun, nichts mit einem Profilierungsverlangen, allein gegen viele kämpfen zu wollen. Es bedeutet auch nicht das Ausblenden einer Realität, die nicht in die eigene Sicht, in den eigenen »filter bubble« passt. Der Grund ist eigentlich ein ganz einfacher: weil es um nicht mehr und nicht weniger als um unsere verfassungsrechtlich verbürgten Grundrechte, um unser aller Freiheitsrechte geht.

Freiheit ist im liberalen Rechtsstaat eine kategoriale Zielbestimmung. Staatliches Handeln ist diesem Ziel normativ verpflichtet. Sicherheit ist somit eine Möglichkeit der Bedingung von Freiheit. Nur wer sein Leben ohne mögliche Beeinflussung von Leib und Leben führen kann, ist in der Lage, sein Leben frei zu gestalten. Freiheit ist kein Nebenprodukt von Sicherheit. Freiheit ist kein Geschenk des Staates. Freiheit musste in jahrzehntelangen Kämpfen gegen das Sicherheitsprimat von Staaten blutig erkämpft werden. Freiheit ist ein Kernelement der Demokratien. Sie bestimmt den Unterschied zu Autokratien.

Die Grundrechte sollen jegliches staatliche Handeln binden, aber wie sieht denn die Realität aus? In Krisensituationen, bei Gefährdungslagen dominiert immer die Haltung, es müsse alles für die innere Sicherheit getan werden, um die Freiheitsrechte könne man sich später kümmern, wenn die Gefahren gebannt seien. Genau das ist falsch.

Die Freiheit stirbt scheibchenweise. Sicherheit ist ohne Freiheit nicht denkbar. Einmal eingeschränkt oder sogar im Kern ausgehöhlt, sind die Freiheitsrechte wie die informationelle Selbstbestimmung, der Schutz der Privatsphäre und der Persönlichkeit, die Meinungsfreiheit, die Freiheit des Glaubens und des religiösen und weltanschaulichen Bekenntnisses, das Demonstrationsrecht und das Recht, sich in Deutschland frei bewegen zu können, also das Recht auf Freizügigkeit, nicht mehr rückholbar. Die Geschichte zeigt, dass freiheitseinschränkende Gesetze vom Gesetzgeber nicht wieder aufgehoben oder geändert werden, um den Grundrechten der Bürgerinnen und Bürger mehr Geltung zu verschaffen. Auch wenn zum Beispiel durch Gutachten belegt werden kann, dass tief greifende Eingriffe in das Telekommunikationsverhalten durch die anlasslose Speicherung aller Telekommunikationsverbindungsdaten keinen deutlichen Mehrwert für die innere Sicherheit bringen, wird von dieser Maßnahme, die pauschal alle Bürgerinnen und Bürger verdächtigt, keineswegs Abstand genommen. Man könnte die Informationen ja doch einmal brauchen.

Zwar bindet die mit dem Grundgesetz von 1949 festgeschriebene Wirkung der Grundrechte jedes staatliche Handeln, und jedes Gesetz muss sich an ihr messen lassen. Das ist anders und besser als in der Weimarer Verfassung, in der die Grundrechte nur im Rahmen der Gesetze galten. Doch auch diese Höherrangigkeit der Grundrechte schließt Handlungs- und Entscheidungsspielräume des Staates und des Gesetzgebers nicht aus. Je nach konkretem Anlass können die Grundrechte beschränkt werden, solange die Maßnahme nur verhältnismäßig ist und ihr Wesensgehalt oder die Ewigkeitsgarantie des Grundgesetzes unangetastet bleiben. Dieser verfassungsrechtliche Rahmen wird leider nicht nur bis zum Letzten ausgereizt, sondern immer wieder verfassungswidrig überschritten.

### Politisches Handeln als verfassungswidrig aufgedeckt

Die in der deutschen Nachkriegs-Rechtsgeschichte beispiellose Serie von verfassungsgerichtlichen Korrekturen der Politik der inneren Sicherheit begann im März 2004 mit der Entscheidung zur akustischen Wohnraumüberwachung, mit der wesentliche Teile des Gesetzes zur Einführung des sogenannten Großen Lauschangriffs als mit dem Grundgesetz unvereinbar erkannt wurden. Den Bedenken – unserer Klage beim Bundesverfassungsgericht gegen das Gesetz zur Einführung dieser heimlichen Überwachung – wurde recht gegeben, weil das heimliche Abhören in Wohnungen zu tief in den nicht abwägbaren Bereich des Kernbereichs privater Lebensgestaltung eingriff und damit Art. 13 Grundgesetz, der den Schutz der Unverletzlichkeit der Wohnung gewährt, verletzte.

Am selben Tag erklärt das Gericht mit ausdrücklichem Bezug auf das Lauschangriff-Urteil, dass die in dem von der Bundesregierung novellierten Außenwirtschaftsgesetz vorgesehene Ausdehnung der Befugnisse des Zollkriminalamtes zur heimlichen Überwachung des Brief- und Telefonverkehrs mit dem Post- und Fernmeldegeheimnis des Artikels 10 GG nicht vereinbar ist.

Ein gutes Jahr danach, im Juli 2005, urteilt das Bundesverfassungsgericht zum niedersächsischen Gesetz über die öffentliche Sicherheit und Ordnung und stellt fest, dass die dort der Polizei eingeräumten Befugnisse zur präventiven Überwachung von Telefongesprächen zur Verdachtsschöpfung, also ohne dass konkrete Anhaltspunkte oder Verdachtsmomente für eine in Vorbereitung befindliche Straftat vorliegen, mit dem Grundgesetz, mit Art. 10 GG, unvereinbar sind.

Ebenfalls im Juli 2005 urteilt das Bundesverfassungsgericht über den Europäischen Haftbefehl und erklärt das Haftbefehlsgesetz, mit dem der entsprechende europäische Rahmenbeschluss in deutsches Recht umgesetzt werden soll, in toto für grundgesetzwidrig, weil es keine eigene Prüfung deutscher Gerichte hinsichtlich möglicher Grundrechtsverletzungen der auszuliefernden deutschen Staatsbürger vorgesehen hat.

Jahresgespräch beim Bundesverfassungsgericht in Karlsruhe, links Präsident Andreas Voßkuhle, rechts Vizepräsident Ferdinand Kirchhof

Wiederum ein knappes Jahr später, im April 2006, erklärt das Bundesverfassungsgericht am exemplarischen Fall Nordrhein-Westfalens die in der Folge der Terroranschläge von New York und Washington von den Länderregierungen an den Universitäten durchgeführten verdachtslosen Rasterfahndungen für nicht mit dem Grundrecht auf informationelle Selbstbestimmung vereinbar.

Nur zwei Monate später, im Juli 2006, entscheidet das Bundesverfassungsgericht über das Luftsicherheitsgesetz, das den Abschuss von Zivilflugzeugen erlaubt hatte, wenn, so das Gesetz wörtlich, »nach den Umständen davon auszugehen ist, dass das Luftfahrzeug gegen das Leben von Menschen eingesetzt werden soll«, als mit dem Grundrecht auf Leben und körperliche Unversehrtheit gemäß Artikel 2, Absatz 2 GG unvereinbar und deshalb nichtig.

2008 wird die zu umfassende Online-Durchsuchung privater Computer durch das nordrhein-westfälische Verfassungsschutzgesetz vom Bundesverfassungsgericht für unvereinbar mit dem Persönlichkeitsrechtsschutz erklärt. Dieses sogenannte IT-Grundrecht dient dem Schutz persönlicher Daten, die in informationstechnischen Systemen gespeichert und verarbeitet werden.

Am 2. März 2010 urteilt das Bundesverfassungsgericht, dass die zur Umsetzung der europäischen anlasslosen Vorratsdatenspeicherungs-Richtlinie im deutschen Telekommunikationsgesetz und in der deutschen Strafprozessordnung getroffenen Regelungen insgesamt verfassungswidrig sind. Auch gegen dieses Gesetz hatte ich zusammen mit liberalen Freunden Verfassungsbeschwerde eingelegt. Darüber hinaus hatten sich über 30 000 Bürgerinnen und Bürger deshalb an das Verfassungsgericht gewandt. Alle bis dahin auf Vorrat erhobenen und gespeicherten Daten mussten unverzüglich gelöscht werden.

Dass die Europäische Richtlinie zur Vorratsdatenspeicherung, auf die sich der deutsche Gesetzgeber zur Begründung seiner Pflicht zur Einführung der Vorratsdatenspeicherung jahrelang berufen hat, am 8. April 2014 vom Gerichtshof der Europäischen Union (EuGH) für unvereinbar mit europäischem Recht und in toto für rechtswidrig erklärt wurde, hat leider die derzeitige Regierungskoalition nicht davon abgehalten, die anlasslose Vorratsdatenspeicherung in nur etwas reduziertem Umfang nunmehr im nationalen Alleingang erneut einzuführen.

Es bleibt zweifelhaft, ob dieses neue Gesetz den beim Bundesverfassungsgericht anhängigen Verfassungsbeschwerden – zu deren Beschwerdeführern ich gehöre – standhalten können wird. Denn im Dezember 2016 hat der EuGH seine Rechtsprechung nochmals ausdrücklich bekräftigt und die umfassende anlasslose Datenspeicherung wegen der schwerwiegenden Eingriffe in die Grundrechte auf Schutz der Privatsphäre und der informationellen Selbstbestimmung in Schweden und Großbritannien für nicht vereinbar mit der europäischen Grundrechte-Charta erklärt. Nach meiner Einschätzung wird die Bundesregierung ihr Gesetz nochmals nachbessern müssen, wenn sie entgegen aller Argumente an der Speicherung dieser Telekommunikationsverbindungsdaten festhalten will. Anlasslos wird nicht mehr gehen. Zumindest sollte sie die Anwendung des Gesetzes aussetzen, bis das Bundesverfassungsgericht entschieden hat.

Schließlich urteilt das Bundesverfassungsgericht am 20. April 2016 über die Novellierung des Gesetzes über das Bundeskriminalamt (BKA-Gesetz), mit der dessen Befugnisse zur Terrorismusbekämpfung ausgeweitet werden sollten, und stellt fest, dass wesentliche Teile des Gesetzes rechtswidrig und mit dem Grundgesetz unvereinbar sind. Der im Februar 2017 im Kabinett beschlossene Gesetzentwurf sieht nicht etwa vor, dass die für verfassungswidrig erklärten, aber nicht sofort außer Kraft gesetzten Bestimmungen des BKA-Gesetzes sofort mit Inkrafttreten aufgehoben werden, sondern das soll erst am 25. Mai 2018 geschehen. Vorher sollen eine umfassende Umgestaltung des Bundeskriminalamtes mit Ausdehnung seiner originären Zuständigkeiten in Kraft treten und eine in ihrer Wirksamkeit auch von Polizisten umstrittene elektronische Fußfessel terroristische Gefährder besser überwachen.

Eine Definition, wann eine Person als Gefährder anzusehen ist und eine klare Zuteilung von Verantwortung der in den gemeinsamen Terrorabwehrzentren mitwirkenden Sicherheitsbeamten fehlen dagegen.

Die permanenten Korrekturen des Gesetzgebers wegen der Verletzung verfassungsrechtlich verbürgter Freiheitsrechte durch den Hüter unserer Verfassung, das Bundesverfassungsgericht, zeigen, wie berechtigt das nachdrückliche Einfordern der richtigen Balance von Sicherheit und Freiheit zur Verteidigung unserer offenen Gesellschaft ist und wie notwendig es ist, die Freiheitsversprechungen in unserer Verfassung zu verteidigen.

### Immer mehr Gesetze für angeblich mehr Sicherheit

Seit den terroristischen Anschlägen am 9. 11. 2001 in den USA befindet sich die Politik der inneren Sicherheit vorwiegend im Krisenmodus. Immer geht es um Gesetzesverschärfungen, immer muss der »Handwerkskasten für die innere Sicherheit« um weitere Instrumente ergänzt werden. Deshalb ist auf Betreiben der FDP erstmals seit vielen Jahren in der letzten Legislaturperiode eine Regierungskommission mit dem Auftrag eingesetzt worden, die Entwicklung der

Gesetzgebung zur Terrorismusbekämpfung in Deutschland kritisch zu untersuchen und hieraus Schlussfolgerungen für die künftige Gesetzgebung und für die Sicherheitsarchitektur zu ziehen. Den auf kontroversen Beratungen und Mehrheitsentscheidungen beruhenden Empfehlungen ist nur in beschränktem Umfang entsprochen worden. Endlich eine klare Rechtsgrundlage für die Zusammenarbeit von Polizeibehörden, Nachrichtendiensten und Justiz in den gemeinsamen Zentren (GTAZ, GETZ) zu schaffen, ist bis heute nicht erfolgt. Sie hätte geholfen, eine bessere Zuweisung der Verantwortung, z.B. im Fall des Berliner Attentäters Anis Amri, vorzunehmen. Auch der Militärische Abschirmdienst sollte auf den Prüfstand gestellt und insbesondere eine umfangreiche Analyse und Evaluierung vorgenommen werden.

Es ist halt leichter, mit neuen Gesetzen angeblich mehr für die innere Sicherheit zu tun, als bestehende Gesetze zu hinterfragen. Ich bin jedenfalls zufrieden, dass in der letzten Legislaturperiode das ständige Stakkato neuer Sicherheitsgesetze durchbrochen werden konnte, ohne dass dies dem hohen Niveau der inneren Sicherheit in Deutschland geschadet hat.

Die Fantasie der Sicherheitspolitiker mutet trotz der ständigen Roten Karten aus Karlsruhe manchmal schier grenzenlos an, wenn es um neue Eingriffsbefugnisse und Maßnahmen geht, von denen angeblich immer mehr Sicherheit erwartet wird. Präventivhaft, Verfassungsschutz zur Überwachung Minderjähriger, Ausdehnung der Befugnisse der Geheimdienste trotz des NSA-Skandals, Bundeswehreinsatz im Innern, anlasslose Speicherung möglichst vieler Daten auch von den Geheimdiensten gehören fast standardmäßig dazu.

Vor einem habe ich mich immer gehütet, nämlich die Sicherheits- und Bürgerrechtspolitiker bei aller Gegensätzlichkeit pauschal in Kategorien wie Gut und Böse einzuordnen oder sie als Verantwortungs- und Gesinnungsethiker gegeneinander zu positionieren. Das war und ist mir zu einfach, zu oberflächlich und zu pauschal, obwohl ich es subjektiv auch mal so empfunden habe. Dass ich als Bundesjustizministerin ein Sicherheitsrisiko sei, waren sich manche Innenpolitiker nie zu schade zu behaupten, am liebsten natürlich in Wahlkampfzeiten. Auch ohne Facebook, Blogs und andere soziale Medien gehörte bei der analogen parteipolitischen Auseinandersetzung das gezielte Schlechtmachen der Konkurrenten zum Handwerkszeug. Und die klassischen Medien hatten immerhin auch schon eine millionenfache Verbreitung.

Aber so wie ich keinem Innenpolitiker fehlende Gesinnung vorwerfen würde, handelt kein Bürgerrechtspolitiker ohne Verantwortung. Was uns trennt, ist die grundsätzliche *Wertung* der Bedeutung der Grundrechte für den Einzelnen und für unser Gemeinwesen. Was uns trennt, ist die grundsätzliche Herangehensweise. Rechtfertigt der Zweck, die innere Sicherheit zu festigen, jedes Mittel, auch das der heimlichen akustischen Wohnraumüberwachung, der massenhaften Datenspeicherung ohne jeglichen Tatverdacht, des umfassenden Datenscreenings und Datenabgleichs, der Online-Durchsuchung privater Computer und der Inhaltskontrolle in den sozialen Medien? Verlangt nicht die Gefahr eines Terroranschlags gerade, die beschränkende Wirkung der Grundrechte zurückzudrängen und der Furcht und der Angst der Menschen, Opfer eines Anschlags werden zu können, grundsätzlich ein größeres Gewicht zu verleihen? Kommt den Grundrechten neben ihrer Abwehrfunktion gegen Eingriffe des

Staates nicht gerade auch die Wirkung zu, vom Staat die Einhaltung seiner Aufgaben verlangen zu können? Oder muss es nicht immer zu einer sorgfältigen Abwägung und zu einer strikten Achtung der Grundrechte kommen?

### Die Sicherheit vor dem Staat sichern

Diese Debatte hat zu einem bemerkenswerten Versuch geführt, Grundrechtseingriffe mit dem Rückgriff auf ein angebliches Grundrecht auf Sicherheit, das den Staat zum Handeln zum Schutz der Bürger zwingen würde, zu legitimieren. Sogar von einem Supergrundrecht auf Sicherheit wurde gesprochen. Aber weder aus dem Grundgesetz noch aus der Europäischen Menschenrechtskonvention (EMRK) kann dieses Grundrecht hergeleitet werden.

Nach ständiger Spruchpraxis des Europäischen Gerichtshofs für Menschenrechte und seiner Vorläuferinstitutionen bedeutet das Recht auf Freiheit und Sicherheit in Art. 5 EMRK gerade nicht die Sicherheit der Bürger voreinander, sondern die Sicherheit der Bürger vor willkürlicher staatlicher Gewalt und hat damit genau die diametral entgegengesetzte Wirkung als die von den Befürwortern des Grundrechts auf Sicherheit behauptete. Das Grundrecht auf Sicherheit und Freiheit des Art. 5 EMRK ist also ein ausschließlich als Abwehrrecht konzipiertes Freiheitsgrundrecht und insofern alles andere als eine Basis, auf der sich Eingriffe in die Freiheitsrechte der Bürgerinnen und Bürger begründen ließen. Die Sicherheit, die neben der Freiheit steht, ist nicht eine Sicherheit durch die staatliche Gewalt, sondern eine Sicherheit vor dem Staat, die die Bürgerinnen und Bürger vor der freiheitsberaubenden Willkür des Staates bewahren will.

Heute taucht das Sinnieren über ein Grundrecht auf Sicherheit oder abgeschwächt als Bürgerrecht auf Sicherheit in den Papieren des SPD-Parteivorsitzenden Sigmar Gabriel in der aktuellen Sicherheitsdebatte nach dem Berliner Terroranschlag auf.

### Grundrecht auf Sicherheit versus Freiheitsgrundrecht

Der Grundgedanke für diese Überlegung lässt sich in seinen wesentlichen Zügen auf die Staatstheorie des englischen Philosophen Thomas Hobbes zurückführen. Es waren die Vertragstheorien des Thomas Hobbes und des etwas jüngeren John Locke, die erstmals in der Neuzeit und notwendigerweise Begriffe von individuellen Grundrechten bilden mussten, um ihrem zentralen Anliegen zu entsprechen: nämlich, um des allgemeinen Friedens zwischen den Menschen willen, das Machtverhältnis zwischen Individuum und Staat gedanklich aufzuklären. Mit diesen Klärungsversuchen hatte bekanntlich die Geburtsstunde des neuzeitlichen Naturrechts geschlagen, das dem einzelnen Menschen als unveräußerlich angesehene Rechte nicht etwa als Folge eines vernünftigen rechtssetzenden Aktes, sondern a priori qua seines Menschseins zusprach.

Beide, Hobbes und Locke, gingen zur Ableitung dieser Grundrechte gleichermaßen von einem vorstaatlichen Naturzustand des Menschen aus, unterschieden sich aber in einem entscheidenden Punkt: Für Thomas Hobbes ist der Mensch unentrinnbar seinen Trieben unterworfen. Er behauptet sich allein durch seine Angst um seine Existenz oder – positiv ausgedrückt – durch seinen Trieb zur Macht, den er zum Zwecke seiner Selbsterhaltung einsetzt.

Als Folge dieses Urtriebs wird er, um den sonst unvermeidlichen Kampf aller gegen alle zu vermeiden, einen Staatsvertrag schließen, in dem er sein naturgegebenes Recht auf Selbsterhaltung uneingeschränkt an den Staat abtritt, der ihm im Gegenzug dazu Sicherheit vor inneren und äußeren Feinden gewährleistet.

Das ist das Konzept eines starken oder autoritären Schutzstaates, in dessen Zentrum ein Grundrecht auf Sicherheit steht, das fortan der Staat zu garantieren habe. Es ist genau die Vorstellung vom Staat, wie ihn die Anhänger eines Grundrechts auf Sicherheit haben möchten.

Dass es aber auch anders geht, dafür steht die Staatsphilosophie John Lockes. Auch er sah die Gefahr eines anarchischen Zustandes allumfassender Willkür, dem die Menschen allerdings nicht wie bei Hobbes triebhaft, sondern dank ihrer Vernunft durch den Abschluss eines Gesellschaftsvertrages zu entrinnen suchen. Anders als bei Hobbes treten die Menschen in diesem Vertrag ihre natürlichen Rechte nicht an den Staat ab, sondern verpflichten sich zum konditionierten Gehorsam gegenüber dem Staat, sofern und solange dieser vermittels einer entsprechenden Rechtsordnung ihre natürlichen Rechte auf Freiheit und Gleichheit respektiert. Das ist das Konzept eines liberalen Verfassungsstaates, in dessen Zentrum die individuellen Grundrechte auf Freiheit und Gleichheit stehen, die der Staat zu respektieren hat.

Genau dieses Staatsverständnis setze ich gegen das Konzept des autoritären Schutzstaates. Denn gäbe es tatsächlich in dessen Verständnis ein verfassungsrechtlich begründetes Grundrecht auf Sicherheit, würden die Freiheitsgrundrechte des Grundgesetzes ins Leere laufen und auch der Kernbereich privater Lebensgestaltung schutzlos werden. Unter dem Deckmantel einer aus dem angeblichen Grundrecht auf Sicherheit folgenden Schutzpflicht wäre der Staat in der

Lage, sich mit Blick auf die innere Sicherheit all jene Befugnisse zu Eingriffen in die Freiheitsrechte der Bürger zu verschaffen, die mit der verfassungsrechtlichen Verankerung dieser Individualgrundrechte gerade verhindert werden sollten.

Aus diesem Grunde habe ich mich entschieden gegen viele der von der damaligen Rot-Grünen Bundesregierung nach dem 11. September 2001 vorgenommenen insgesamt 17 Gesetzesänderungen gewandt, die meiner Ansicht nach die notwendige freiheitlich-rechtsstaatliche Balance zwischen Freiheit und Sicherheit nicht mehr halten und die Sicherheitsstrukturen des Staates grundlegend zugunsten eines Präventionsstaates verändert haben. Es wird gern ausgeblendet, dass es seit Jahren eine sicherheitspolitische Aufrüstung gegeben hat und der Rechtsstaat sehr wohl in der Lage ist zu handeln.

### Freiheitsversprechen einlösen

Die Furcht vor Terror darf uns nicht dazu verleiten, die verfassungsstaatliche Entwicklung in die Vergangenheit zurückzudrehen, die verfassungspolitische Philosophie eines John Locke schrittweise immer weiter zugunsten einer einseitigen staatlichen Zweckordnung und Zweckdimension im Sinne von Thomas Hobbes zu opfern.

Umso wichtiger ist es, dass die Freiheit möglichst viele und gute Anwälte und Mitstreiter hat. Umso wichtiger ist es, dass sie gerade in Zeiten von Gefährdungen bewusst verteidigt wird. Auch gegen einen möglichen Mainstream, gegen lautstarke Gegner und gegen die Feinde der Freiheit. Der Liberalismus war und ist die politische Strömung, die auf den Grundsätzen der Aufklärung aufbauend Freiheit, Selbstbestimmung und Verantwortung des Einzelnen als wesentlich für das Miteinander in unserer Gesellschaft ansieht. Verantwortung heißt, nicht nur für sich, sondern auch für andere einzustehen, in diesem Sinn solidarisch zu sein. Jeder Bürger des Gemeinwesens muss Zugang zu Bildung, zu Teilhabe und zur eigenen freien Entfaltung haben, aber Gleichheit aller kann niemand garantieren.

In dieser Tradition und in diesem Verständnis des politischen Liberalismus sehe ich meinen Platz als Verteidigerin der Freiheit. Nicht in dem Sinne, dass Freiheit zu einer politischen Floskel verkommt, sondern ein in vielen Bereichen einlösbares Freiheitsversprechen ist, also gelebt werden kann und gegen unverhältnismäßige Staatseingriffe wie auch gegen Verletzungen privater Akteure und marktbeherrschender Konzerne verteidigt wird.

*Es steht viel auf dem Spiel.*

Der schlimmste Feind der Freiheit ist die Gleichgültigkeit und die unreflektierte Haltung, sie sei selbstverständlich. Wenn das Bewusstsein von der Bedeutung der Freiheit fehlt, wird sie auch nicht wirkungsvoll verteidigt. Wenn Freiheit ohne jede Rücksicht auf die Rechte des anderen, auf Achtung seiner Ehre und seiner Selbstbestimmung sowie Privatsphäre mit Ellenbogen gelebt wird, verkommt Freiheit zum Recht des Stärkeren gegen den Schwächeren.

In Zeiten der Terrorgefährdung und von brutalen Anschlägen im eigenen Land, in Deutschland, wie sie die Menschen 2016 besonders in München und auf dem Weihnachtsmarkt in Berlin 2016 erschüttert haben, wird es immer schwieriger, eine an den Freiheitsrechten ausgerichtete Politik der inneren Sicherheit zu vertreten und auch mehrheitlich durchzusetzen.

Zwischenzeitlich ist immer häufiger die Frage gestellt worden, ob der »Leviathan« zurückkehren wird oder bereits zurückgekehrt ist, ob also die bürgerliche Freiheit vor dem Staat selbst ins Hintertreffen zu geraten droht. Selbstverständlich frage ich mich immer wieder, welche Grundrechtsverbürgungen tatsächlich Bestand haben werden. Selbstverständlich frage ich mich auch, ob die reflexartig erhobenen Forderungen nach Gesetzesverschärfungen tatsächlich mehr Sicherheit bringen können und deshalb in angespannten Zeiten trotz der tiefen Eingriffe in die Freiheitsrechte nicht doch vertretbar erscheinen. Natürlich bin ich immer wieder gefordert, meine Haltung zu hinterfragen und mit der konkreten Situation abzugleichen. Natürlich beschäftigt mich intensiv das Leiden der Verletzten, der Opfer und ihrer Angehörigen.

Aber: Grundrechte und ihr Schutz gelten genauso in Krisenzeiten wie in Friedenszeiten. Vom französischen Schriftsteller und erbitterten Widerständler gegen den Nationalsozialismus Georges Bernanos stammt der mahnende Satz: »Freiheit ist kein Privileg, sondern eine Aufgabe.«

Genau diese Haltung überzeugt mich und stärkt mich.

Es ist die dauerhafte Aufgabe von Politik und Rechtswissenschaft, rechtsstaatliche Freiheit zu sichern. Sie aufzugeben hieße, den liberalen Rechtsstaat zu opfern. Und für was? Für wirklich mehr Sicherheit?

Die auch von Innenpolitikern gern gebrauchte Formulierung, dass es keine absolute Sicherheit geben kann, soll sie vielleicht auch exkulpieren, wenn etwas passieren sollte. Dabei ist diese Aussage mehr, sie ist von fundamentaler Bedeutung. Sie drückt die Verantwortung der Demokraten aus, sich jedem Übergang in den Überwachungsstaat, der seine angebliche Legitimation aus der Gefährdung der Bürgerinnen und Bürger gewinnt, zu widersetzen.

Dem Anspruch, Sicherheit und Freiheit gleichermaßen zu garantieren, wird nie entsprochen werden können. Am Ende steht immer ein Abwägungsprozess zwischen mehr Sicherheit und weniger Freiheit oder umgekehrt. Selbst ein Rechtsstaat, der seine Grundlagen aufgeben würde, der also u.a. die Grundrechte der Bürgerinnen und Bürger bis zur Unkenntlichkeit aushöhlen würde, selbst dieser autoritäre Schutzstaat könnte keine absolute Sicherheit gewähren. Absolute Sicherheit gibt es nicht einmal im absoluten Polizeistaat. Sicher ist dort nur eines, dass nämlich die Presse dort weder über die Kriminalität noch über die Verletzung der Würde des Menschen berichten darf.

Der große Philosoph Karl Jaspers hat es einprägsam auf den Punkt gebracht: »Die menschlichen Dinge gestatten keine absolute Sicherheit. Freiheit kann sich nur durch Freiheit im Risiko behaupten. Wer absolute Sicherheit will, will die Unfreiheit und den politischen Tod. Der Wille zur absoluten Sicherheit drückt eine Gesinnung aus, die die Wirklichkeit des menschlichen Daseins nicht anzuschauen wagt.«

Deshalb ist es auch in Gefährdungssituationen so wichtig, zwischen dem Gewinn für mehr Sicherheit und der Beschränkung der Freiheit sorgfältig abzuwägen, die Erwartungshaltung zu hinterfragen und nicht leichtfertig dem Mainstream zu folgen. Bedauerlicherweise wird die Situation auch genutzt, um altbekannte Forderungen zu wiederholen wie zum Beispiel die nach Verschärfung des Jugendstrafrechts nach dem Berliner Weihnachtsmarkt-Anschlag. Sie wird bei jedem Sexualdelikt mit Beteiligung eines Heranwachsenden, bei jedem Einbruchsdiebstahl von sogenannten Jugendbanden und bei Tatbeteiligungen noch nicht volljähriger Ausländer erhoben. Dabei ist unser Rechtssystem in diesem Punkt ausgewogen und mit dem notwendigen scharfen Schwert versehen. Die Gerichte können und müssen je nach Tat- und Tätersituation entscheiden. Die abschreckende Wirkung tendiert gen null.

### Berlin: Was es braucht, um einen Anschlag zu verhindern

Leider können so fürchterliche terroristische Anschläge wie der in Berlin gerade zu Beginn eines Wahljahres zu einem Überbietungswettbewerb der behaupteten notwendigen zusätzlichen Sicherheitsmaßnahmen führen. Das haben wir im Januar 2017 mit Leitlinien des Bundesinnenministers, Papieren des SPD-Bundesvorsitzenden, Kabinettsbeschlüssen der bayerischen Staatsregierung und 10-Punkte-Programmen der Bundesregierung erlebt. Nicht im Deutschen Bundestag wurde darüber zuerst debattiert, was absolut richtig und in Ordnung wäre, sondern sie wurden in der FAZ abgedruckt und zeigten eines: Die Koalition war sich nicht einig. Damit gewinnt man nicht das Vertrauen der Bürgerinnen und Bürger und wirkt auch nicht ihren Ängsten entgegen, sondern die Verunsicherung bleibt.

Natürlich muss geprüft werden, ob es gesetzliche oder technische Sicherheitslücken gibt. Aber anstelle einer umfassenden Untersuchung des Handelns der Verantwortlichen im Fall des Berliner Attentäters wurden sofort umfassende Reformpakete wie der zentrale Umbau der Verfassungsschutzämter, der Ausbau der Zuständigkeiten der Bundespolizei und des Bundeskriminalamtes und eine Ausdehnung der Abschiebehaft, der Videoüberwachung und der elektronischen Fußfessel für Gefährder gefordert. Der Widerspruch der Länderinnenminister gegen eine Beschränkung ihrer Kompetenzen war vorprogrammiert und kam prompt. Das bot als Reaktion auf den dschihadistischen Terror kein überzeugendes Bild der für die Sicherheit verantwortlichen Politiker.

Ja, es gibt auch Defizite, zum Beispiel bei dem gebotenen Informationsaustausch zwischen den Behörden innerhalb der Europäischen Union. Der verdächtige Terrorist und Drahtzieher des Terroranschlags auf den Berliner Weihnachtsmarkt war den Sicherheitsbehörden bestens bekannt. Er galt als besonders gefährlich, war registriert und verdächtig, Anschläge begehen zu wollen. Wohl sieben Mal wurde er im gemeinsamen Terrorabwehrzentrum (GTAZ) behandelt und war damit sowohl den nordrhein-westfälischen und Berliner Behörden bekannt. In Italien hatte er eine mehrjährige Freiheitsstrafe verbüßt. Davon wussten die Behörden in Deutschland nichts, weil es keine Verpflichtung der EU-Mitgliedstaaten gibt, diese Daten in das Europol-Informationssystem einzuspeisen. Es besteht auch keine Verpflichtung, gefährliche Personen in das Schengener Informationssystem einzutragen. Das wird seit den Brüsseler Anschlägen vom März 2016 zwar als notwendig betont, ist aber noch nicht eingeführt worden. Vollkommen unverständlich ist, dass wenige Monate vor dem brutalen Anschlag im Dezember 2016 die Überwachung des Gefährders Anis Amri abgebrochen wurde und er aus dem Blickfeld der Sicherheitsbehörden geriet. Obwohl es anscheinend Informationen des marokkanischen Geheimdienstes hinsichtlich seiner Anschlagspläne gab, hielt man dies in Deutschland für eher unwahrscheinlich. Das war ein schwerer, ein verhängnisvoller Fehler. Es muss natürlich umfassend aufgearbeitet werden, wer dafür die Verantwortung zu tragen hat, um daraus die richtigen Konsequenzen zu ziehen.

Stattdessen wurden sofort die Voraussetzungen für die Abschiebehaft für sogenannte Gefährder verschärft, weil bei Anis Amri nach geltendem Aufenthaltsrecht angeblich die Voraussetzungen dafür nicht vorlagen. Das wird von Fachleuten mit guten Gründen bestritten, denn bei 14 Identitäten, die Anis Amri hatte und unter denen er Sozialbetrug und andere Delikte begangen haben soll, lassen die geltenden Bestimmungen eine mehrmonatige Inhaftnahme zu.

### Vorratsdatenspeicherung verhindert keine Anschläge

Die Gesetzesänderung mag dem Sicherheitsbedürfnis der Bürgerinnen und Bürger nach einem besseren Schutz vor Terroristen zwar entsprochen haben, da es sich aber um einen eklatanten Fall von Vollzugsdefizit handelte, bleiben die Notwendigkeit und der Mehrwert äußerst zweifelhaft. Das so notwendige Vertrauen in das Handeln der Sicherheitsbehörden wird damit nicht nachhaltig gestärkt. Was macht man bei einem möglichen nächsten Anschlag, wenn es zwar keinen Fall Anis Amri, dafür aber einen anders gelagerten Sachverhalt geben sollte, für den angeblich wieder das geltende Recht nicht ausreicht? Kommt dann die unbegrenzte Präventivhaft? Darf es dann Freiheitsentziehungen allein aufgrund von Verdachtsvermutungen geben, die die Unschuldsvermutung umkehren?

Wohin das letztendlich führen kann, hat ein westliches Land mit Guantanamo gezeigt. Da die Gefahr nie endet, endet auch die Haft nicht.

Gegen mögliche Defizite und Versagen zuständiger Staatsbehörden helfen keine Verschärfungen der Abschiebehaft und der Anwendung der elektronischen Fußfessel. Fehleinschätzungen werden nicht durch noch so viele 10-Punkte-Programme vermieden.

Wir brauchen gut ausgebildete Experten in den Behörden, gute Kooperation der Behörden untereinander und entschlossenes Handeln in Gefährdungssituationen. An Terrorabwehrzentren zum permanenten Informationsaustausch mangelt es nicht, aber an der eindeutigen Zuweisung von Verantwortung mangels ausreichender Gesetzesgrundlage.

Wir brauchen keinen Aktionismus. Es muss angesichts des fürchterlichen Terroranschlags nicht der Kriegszustand in Deutschland ausgerufen werden, wie es kurz nach dem Anschlag ein Länderinnenminister getan hat. Es muss auch nicht die Bundeswehr im Innern eingesetzt oder massenhaft von allen Bürgerinnen und Bürgern die Datensammelei forciert werden – jetzt erst recht nicht. Die Nadel im Heuhaufen wird nicht leichter gefunden, wenn der Heuhaufen immer größer wird. In Frankreich und Belgien gilt seit Jahren die anlasslose millionenfache Vorratsdatenspeicherung. Sie hat die fürchterlichen Anschläge dort nicht verhindern können.

Ein starker Staat, auf den sich die Bürger tatsächlich verlassen können, das ist ein Staat, der in seinen Kernaufgaben wie etwa auch dem Gesetzesvollzug im Bereich der inneren Sicherheit stark ist und der seine Bürger ansonsten zwar in Ruhe, aber nicht im Stich lässt. Dieser starke Staat konzentriert sich auf die tatsächlich gefährlichen Personen und wirkt daneben, nicht anstatt präventiv einer Radikalisierung entgegen. Ein solcher Staat stellt seine Bürger nicht unter einen Generalverdacht, er achtet ihre Freiheitsrechte und verteidigt sie auch in Krisensituationen. Mit diesem Verständnis des liberalen Rechtsstaats können wir den Herausforderungen unserer Zeit begegnen. Wir wissen um die Gefährlichkeit, wenn unter Missbrauch einer Religion fanatisch unsere westliche Lebensweise und unsere Wertvorstellung von selbstbestimmten Individuen angegriffen wird.

Andere europäische Staaten oder die Vereinigten Staaten von Amerika sind dabei nicht unsere Vorbilder. Denn sie schwächen die unverzichtbaren Garanten eines wehrhaften Rechtsstaates wie die Unabhängigkeit der Verfassungsgerichte oder räumen den Geheimdiensten auch nach dem NSA-Skandal eine unvertretbare Machtposition ein. Sowohl die Geheimdienste der USA als auch Großbritanniens betreiben eine Überwachung des Internets und der telefonischen Kommunikation, die vor staatlichen deutschen Institutionen und europäischen diplomatischen Vertretungen nicht haltmachte. Das damit verloren gegangene Vertrauen in das gesetzeskonforme Handeln staatlicher Behörden ist noch nicht wieder hergestellt worden. Leider gibt es entgegen vollmundiger Ankündigungen der Koalitionsfraktionen zu Beginn dieser Legislaturperiode 2013 und trotz des NSA-Untersuchungsausschusses des Bundestages keine Vereinbarung über die Begrenzung von Spionage unter Freunden und kein intergouvernementales Verständigen der EU-Mitgliedstaaten auf gemeinsame Standards zur Achtung elementarer Grundrechte für geheimdienstliche Tätigkeit.

Gegenüber menschenverachtenden Kriminellen und »Gotteskämpfern« müssen wir unsere Werte gemeinsam verteidigen. Jetzt erst recht – gegen innere und äußere Feinde. Zerschützen wir nicht unsere Freiheit, sondern leben wir sie mit dem richtigen Maß an Sicherheit.

## Selbstbestimmt im digitalen Zeitalter

Zurück in die Steinzeit! Der ist nicht zu helfen! So oder ähnlich ist die Reaktion auf mein Bekenntnis, dass ich ohne Smartphone gut auskomme, nichts Privates twittere und mein Facebook-Account ziemlich wenig bedient wird, auch wenn ich was zu sagen habe. Denn Follower sind für mich nicht die alleinige Messlatte für Beliebtheit und Anerkennung. Und ich telefoniere sogar auch noch mit dem Festnetz, schicke zu Geburtstagen und Weihnachten gern handschriftliche Karten und Briefe und schätze das direkte Gespräch in kleiner oder großer Runde mehr als das Schreiben von Blogs, WhatsApp-Nachrichten oder das permanente Mailen. Und

Als Ministerin beim Aktenstudium im Flugzeug

wenn ich mal einige Stunden ohne die aktuellen Nachrichten verbringe, leide ich nicht unter Entzug.
Bin ich eine Verweigerin des Fortschritts, eine in der analogen Zeit Hängengebliebene, die mit missionarischem Eifer die Welt vor der totalen Vernetzung und der Zerstörung des Bisherigen retten will? Oder bin ich nur zu blöd, mit der digitalen Technik umzugehen?

Weder noch. Ich halte die Digitalisierung für eine der umfassendsten technologischen Entwicklungen überhaupt mit weiterem unglaublichem Potenzial. Aber ich will einfach nur meine Selbstbestimmung auch im digitalen Zeitalter leben, selbst entscheiden können, was ich von mir preisgebe. Ich will nicht zur Konsumentin degradiert werden, deren Vorlieben mittels Algorithmen aus mir nicht nachvollziehbaren Informationen – habe ich zu fest auf die Tastatur meines MacBook gehauen? – ermittelt und mit entsprechenden Angeboten bedient werden. Ich will nicht mittels eines Smartphones zur Datenlieferantin wider Willen werden, sondern mich überall aufhalten können ohne jederzeitige digitale Aufspürbarkeit. Dafür nehme ich auch in Kauf, manche digitale Annehmlichkeiten nicht zu nutzen. Das praktische Onlinebanking ist trotz der permanenten Verbesserungen nach Einschätzung vieler Experten eben nicht so sicher, wie es wünschenswert wäre. Und da nun mal meine Kontendaten niemanden etwas angehen außer meine Bank, einmal im Jahr das Finanzamt und mich. Und da ich keine Lust habe, mich bei unerlaubten Zugriffen um die Rückabwicklung zu kümmern, nutze ich den herkömmlichen Überweisungsweg und bin froh, dass mein Geldinstitut diese Möglichkeit noch anbietet. Ich sehe auch keine Verheißung darin, dass Google weiß, wo ich bin, was ich denke, und besser zu wissen meint, was ich denn tatsächlich will, weil sich die Google-Dienste aus meinem Verhalten im Internet ihr Bild von meiner Persönlichkeit machen, dem ich mich zu meinem Besten anpassen soll. Und ich will auch nicht, dass ich in einigen Jahren nicht mehr in Geschäften einkaufen gehen kann, die Innenstädte total verödet sind, weil von der Gurke bis zum Stick alles online bestellt wird. Die Arbeitsplätze im Einzelhandel gibt es dann nicht mehr, alles geschieht über Logistik und Waren werden quer durch die Republik, auch mittels Drohnen transportiert, die zum Beweis der Zustellung den Garten, das Haus oder die Straße per Video aufzeichnen.

### Es gibt kein Recht auf Wissen des einen über den anderen

Es geht aber nicht um mich. Es geht um viel mehr. Ich will im 21., im digitalen Jahrhundert die Privatsphäre und informationelle Selbstbestimmung der Bürgerinnen und Bürger als unverzichtbaren Wert verteidigen. Ich bin so altmodisch neumodisch, dass ich diese Werte in unserer offenen Gesellschaft für unverzichtbar halte. Der Albtraum totaler Transparenz darf nicht von uns allen Besitz ergreifen. Das immer wieder behauptete umfassende Recht auf Wissen des einen über den anderen gibt es nicht. Die Privatsphäre eines jeden Menschen verdient Respekt und geht uns, die anderen, nichts an. Ich will, dass diese alle Lebensbereiche durchdringende, technologische Entwicklung gestaltet wird, und zwar politisch und nicht von einigen wenigen milliardenschweren Investoren, die sich der introvertierten Techniker und idealistischen Paten der ersten digitalen Stunde bemächtigt haben und nun als datengierige Eroberer und Goldschürfer die Nutzer immer stärker in die Unmündigkeit treiben.

Weniger pathetisch und ohne Schaum vorm Mund möchte ich ganz einfach, dass die Welt der Algorithmen, der künstlichen Intelligenz, der Vernetzung und des Internets der Dinge menschlich bleibt, die Technik ihre dienende und der Mensch seine gestaltende Funktion behält. Ich glaube, dass es dafür noch nicht zu spät ist, dass jedoch die glaubwürdigen Warnungen der Internet Gurus wie Jaron Lanier, Stephen Hawking und Elon Musk ernst genommen werden müssen, dass der Mensch nicht den Zeitpunkt verpassen darf, die Maschinen »abzustellen«, bevor sie sich des Menschen vollständig bemächtigen. Diesen Gestaltungsauftrag nimmt die Politik bisher insgesamt zu wenig ernst, und wenn, dann auch noch zu einseitig wahr. Die richtige Handlungsebene wären die Vereinten Nationen (UN), denn das globale, allseits gegenwärtige, dezentrale Netz und die Auswirkung der Digitalisierung auf alle Gesellschaften, Staaten und die Weltwirtschaft brauchen eine globale Antwort.

Die UN-Generalversammlung hat unter dem Eindruck der Enthüllungen über die Überwachung deutscher und brasilianischer Regierungsmitglieder und -ämter erstmals im Dezember 2013 eine Resolution zum Recht auf Privatsphäre im digitalen Zeitalter verabschiedet, in der mit klaren Worten die Sorge der Staatengemeinschaft über den negativen Einfluss von widerrechtlicher und willkürlicher Überwachung auf die Menschenrechte zum Ausdruck gebracht wird. Es werden alle Staaten aufgefordert, das Recht auf Privatsphäre auch im Kontext digitaler Kommunikation zu achten und zu schützen, Maßnahmen zu ergreifen, um Rechtsverletzungen zu beenden und zu verhindern, Recht und Praktiken der Kommunikationsüberwachung zu überprüfen und in Einklang mit internationalen Menschenrechtsverpflichtungen zu bringen. Weiter hat die UN-Hochkommissarin für Menschenrechte dem Menschenrechtsrat und der Generalversammlung der UN im Sommer 2014 einen Sachstandsbericht »The right to privacy in the digital age« vorgelegt, dem es nicht an klaren Feststellungen fehlt. Kernaussage der Bilanz der gegenwärtigen Rechtswirklichkeit ist: »Die digitale Kommunikation, von der das globale politische, wirtschaftliche und gesellschaftliche Leben zunehmend abhängig ist, ermögliche eine nahezu unbegrenzte Massenüberwachung, die nicht länger Ausnahme sei, sondern sich zu einer gefährlichen Gewohnheit entwickelte.« Mit Verweis auf Art. 12 der Allgemeinen Erklärung der Menschenrechte, auf Art. 17 des UN-Zivilpaktes sowie auf regionale Menschenrechtsinstrumente, die mit Ausnahme der Afrikanischen Menschenrechtskonvention alle das Recht auf Privatsphäre garantieren, betont der Bericht die universelle Anerkennung, fundamentale Bedeutung und andauernde Relevanz dieses Rechts und der Notwendigkeit seines gesetzlichen und praktischen Schutzes. Zudem wird unterstrichen, dass auch andere Rechte wie das Recht auf freie Meinungsäußerung und Informationsfreiheit, die Versammlungs- und Vereinigungsfreiheit und das Recht auf Gesundheit durch umfassende Überwachung betroffen sein können, wenn Menschen aus Furcht vor Ausspähung sich nicht mehr trauen, gesundheitlichen Rat zu suchen. Schließlich können durch Massenüberwachung gewonnene Informationen zu Folter und gezielten Tötungen durch Drohnenangriffe führen. Zu wenig von der Öffentlichkeit bemerkt hat sich die Vollversammlung im November 2016 nach 2013 und 2104 zum dritten Mal einstimmig auf eine Grundsatzerklärung zum Schutz der Privatheit im digitalen Zeitalter verständigt. Diese Resolution benennt das Janus - Gesicht der Entwicklung: den unbestreitbaren Nutzen einerseits und die gesteigerten Fähigkeiten von Staaten und Unternehmen zur Überwachung andererseits. Die Vollversammlung richtet eindeutige Forderungen an die Staaten und die privaten Datenverarbeiter, sich insbesondere an den Schutz der Privatheit und des humanitären Völkerrechts zu halten. Das Ethos dieser Resolution überzeugt.

Aber so schön sich diese Feststellungen lesen, so wenig rechtliche Verbindlichkeit kommen diesen Resulutionen zu. Sie sind Appelle an die Mitgliedstaaten und ohne Konsequenz geblieben. Nach wie vor gibt es die Massenüberwachungsprogramme der Geheimdienste, und die politischen Forderungen gehen dahin, die Informationsgewinnung und den Informationsaustausch der Sicherheitsbehörden der Staaten untereinander auszudehnen.

### Das Digitalisierungsthema muss politischer Schwerpunkt sein

Wir befinden uns mitten im Prozess der sich rasant und dynamisch entwickelnden Digitalisierung – technisch, gesellschaftlich, politisch und rechtlich. Diese Entwicklung ist nicht umkehrbar. Deshalb nochmal: Die Zukunft ist weder gut noch böse. Sie muss gestaltet werden. Weder Angstszenarien noch reiner Zweckoptimismus helfen. Die Politik muss wohlüberlegt die Richtung bestimmen. Das heißt für mich: ein ethisch und moralisch verantwortbarer Fortschritt, der nicht einseitig zulasten der Nicht-Eliten gehen darf.

Am meisten beschäftigt mich, dass der Preis des Fortschritts nicht irreversible Einschränkungen unserer persönlichen Freiheit sein dürfen. Im Mittelpunkt dieser Gestaltung müssen der Schutz der Grundrechte, verankert in nationalen Verfassungen der Mitgliedstaaten und in der Europäischen Grundrechtecharta, und deren Durchsetzung stehen. Das gilt für den abwehrrechtlichen Charakter der Grundrechte mit Blick auf ihre Verletzung durch staatliche Institutionen und ausländische Geheimdienste und für den schutzrechtlichen Charakter der Grundrechte bei Verletzung durch marktbeherrschende Unternehmen.

Dass sich vor diesem Hintergrund der letzte IT-Gipfel der Bundesregierung 2016 vorwiegend wieder mit dem Ausbau der digitalen Infrastruktur, der Förderung von Start-ups in Deutschland und mit der Datensouveränität befasst, jedoch die Kernpfeiler des Datenschutzes wie die Datensparsamkeit und die Zweckbindung der Datenverwendung in Zeiten von Big Data in die Mottenkiste verbannen will, ist ein Armutszeugnis und zeigt, dass in großen Koalitionen die Grundrechte der Bürgerinnen und Bürger keinen Anwalt, ja noch schlimmer, einfach keinen hohen Stellenwert haben. Mindestens vier Ministerien sind mit Aspekten der Digitalisierung befasst. Wenn ihr endlich der große Stellenwert zukommen soll, den sie verdient, dann reicht es nicht, dass der Maut-Minister im Namen seines Verkehrsministeriums den Zusatz »digitale Infrastruktur« führt. Die Bundesregierung braucht ein Internet-Ministerium, denn die Digitalisierung ist ein Schwerpunktthema wie etwa der Umweltschutz. Die volkswirtschaftlichen Potenziale, die Zukunft der Arbeit, die Cybersicherheit, die Infrastruktur, die digitale Verwaltung, die Gesundheitsversorgung – einfach alles gehört dazu. Und immer dann, wenn es sich um personenbezogene Daten handelt, sind die Grundrechte im Spiel. Dieser Datenschatz, dieses Gold der Digitalisierung und seine unermesslichen Verwertungsmöglichkeiten und Gewinnmargen sind nur von den Grundrechten eingehegt zu nutzen. Deutschland und

Europa müssen sich auf ihre kulturellen und demokratischen Fähigkeiten besinnen, auf ihre marktwirtschaftlichen und rechtsstaatlichen Kompetenzen, auf ihre Kraft zur Analyse und zur Differenzierung.

Zu den Zukunftsversprechungen des Silicon Valley und neben dem unbestreitbaren Potenzial an Chancen der Digitalisierung müssen auch ihre Risiken in den Blick genommen und bewertet werden. Denn es darf nicht passieren, dass das technisch Mögliche schnell das politisch und moralisch Gebotene überschreitet, wie es sich bereits mehrmals gezeigt hat: bei der überbordenden geheimdienstlichen Überwachung, bei der massiven Beschädigung der digitalen Infrastruktur durch Cyberattacken am Beispiel des Bundestages und der Router der Telekom, bei dem massenhaften illegalen Abgreifen unternehmerischer Daten am Beispiel des Datenskandals gigantischen Ausmaßes von Yahoo mit 500 Millionen geklauten Kundenkonten und bei Wahlmanipulationen.

Eine digitale Welt mit entmündigten Bürgerinnen und Bürgern, vorwiegend der Gewinnmaximierung einiger weniger zulasten eines fairen Wettbewerbs verschrieben, ist für eine Anhängerin der sozialen Marktwirtschaft und der Freiheits- und Bürgerrechte keine lebenswerte Zukunft. Dafür habe ich nicht jahrzehntelang die Grundrechte in Deutschland verteidigt, für die europäische Grundrechtecharta und einen unabhängigen, handlungsfähigen Europäischen Menschenrechtsgerichtshof gekämpft.

Es steht viel auf dem Spiel. Es geht um unsere Rechte, um unsere Zukunft, um unser Gesellschaftsmodell und um die Perspektiven besonders der jungen Generation.

Ursprünglich richteten sich die Erwartungen an das Internet als an ein Medium der Emanzipation, der Selbstbefreiung, des digitalen Freigartens der Bildung und Kultur, also insgesamt an ein Instrument der Freiheit, von jedem kostenlos nutzbar und frei von Hierarchien. Welch Irrtum. Mit der Machtkonzentration auf einige wenige globale IT-Giganten mit Weltverbesserungsanspruch und insbesondere seit der Snowden-Enthüllungen 2013 über die fast vollständige Durchdringung der digitalen Sphäre durch Spähapparate mit der Folge der weltweit umfassendsten Überwachung von Millionen Menschen ist diese Vorstellung zur Utopie verkommen und das genaue Gegenteil Realität. Wer mit den massenhaft Daten abschöpfenden Angeboten der großen IT-Firmen und zahlloser Apps nicht einverstanden ist, der soll halt draußen bleiben. Robinsonlisten im Internet durchzusetzen oder die Aufkleber auf den Briefkästen, keine Prospekte oder Anzeigenblätter einzuwerfen, ins Digitale zu übertragen, mutet ziemlich steinzeitlich an und ist zudem schwierig. Die die Werbung unterdrückende Software wird mit allen juristischen Mitteln bekämpft.

Ich bin kein Gegner von Werbung. Werbung ist ein Element der Konsumgesellschaft und bringt das vielfältige Angebot den Kunden näher. Ich will nur selbst bestimmen können, ob ich sie erhalte. Werbebanner über aufgerufene Webseiten können sehr nervig sein, da werden 20 Sekunden zu endlosen Minuten. Und wenn ich einmal einen Flug nach Mallorca gesucht, aber gar nicht gebucht habe, sondern mit dem Auto nach Österreich an den Schwarzsee gefahren bin, möchte ich nicht dauernd mit Angeboten von Hotels, Mietwagen und Restaurants auf Mallorca überhäuft werden. Wenn ich daran interessiert bin, bietet mir das Netz genug Möglichkeiten der Recherche, die ich auch gerne nutze. Aber ich will, dass meine einmal hinterlassenen Datenspuren gelöscht werden und nicht für beliebige Raster und Prognosen verwandt werden. Deshalb muss es angesichts der mit unglaublicher Dynamik voranschreitenden technischen Entwicklung endlich zuallererst darum gehen, den Grundrechten der Nutzer wieder Geltung zu verschaffen. Als unverbesserliche Optimistin – was für den Anspruch, Politik gestalten zu wollen, eine unverzichtbare Lebenseinstellung ist – hoffe ich, dass es dazu nicht zu spät ist.

Das Bundesverfassungsgericht hat mit der Grundsatzentscheidung zur Volkszählung unmissverständlich erklärt, dass zum allgemeinen Persönlichkeitsrecht das Recht des Einzelnen gehört, selbst entscheiden zu können, wann und innerhalb welcher Grenzen persönliche Lebenssachverhalte von ihm preisgegeben und weitergegeben werden. Es hat die Gefahren gesehen, die dem Persönlichkeitsrecht unter den Vorzeichen der automatisierten Datenverarbeitung drohen, und reklamiert, dass der Einzelne davor besonders geschützt werden muss.

»Eine Gesellschaftsordnung und eine diese ermöglichende Rechtsordnung, in der der Bürger nicht mehr wissen könne, wer was wann und bei welcher Gelegenheit über ihn weiß, ist mit dem Recht auf informationelle Selbstbestimmung nicht vereinbar. Freie Entfaltung der Persönlichkeit setze unter den modernen Bedingungen der Datenverarbeitung den Schutz des einzelnen gegen unbegrenzte Erhebung, Speicherung, Verwendung und Weitergabe seiner persönlichen Daten voraus. Dieser Schutz sei daher von dem Grundrecht des Art. 2 Abs.1 GG i.V. m. Art.1 Abs. 1 GG umfasst. Das Grundrecht gewährleistet insoweit die Befugnis, grundsätzlich selbst über die Preisgabe und Verwendung seiner persönlichen Daten zu bestimmen.«

### Nichts rechtfertigt die Aufgabe der Privatsphäre

Was in der analogen Welt trotz Bundesdatenschutzgesetz und europäischer Datenschutzrichtlinie 95/46/EG schon nicht immer leicht zu realisieren war, wird in der digitalen Welt zu einem riesigen Problem. Die Geschäftsmodelle von Facebook, Google, Twitter, Apple und anderen globalen IT-Giganten leben von der Verfügbarkeit persönlicher Daten, Informationen aller Art und Aktivitätsspuren des digitalen Raumes, aus denen ihnen die Möglichkeit einer »intelligiblen Steuerung von Produkten und Dienstleistungen erwächst«.

Mit den technischen Möglichkeiten von Big Data können Unmengen von gespeicherten Daten analysiert, miteinander verknüpft, vernetzt, verwertet und ausgewertet werden. Diese unglaubliche Technik ermöglicht Persönlichkeitsprofile und Raster, die Verhaltensweisen nicht nur rekonstruierbar, sondern vorhersehbar machen. Für gezielt platzierte Werbung ist das ein realisierter Traum – es werden Wünsche erst geweckt und gleich erfüllt.

Die Zusammenführung von Daten aus unterschiedlichen Begebenheiten, also wie ich mich im Straßenverkehr verhalte, wie ich online einkaufe, wie ich zu Hause meine Heizung steuere, wann ich meine Waschmaschine einschalte, wie ich Fitness-Gadgets mit Daten über meinen Puls, Herzfrequenzen, Bluthochdruck, Zuckerspiegel, Cholesterinwerte benutze, ergeben ein umfassendes, wenn auch vielleicht nicht immer zutreffendes Bild des Nutzers. Das kommerzielle Interesse verschiedener Branchen wie der Versicherungen, der Gesundheitsmedizin, vielfältiger Warenproduzenten an diesen Profilen ist gigantisch.

Das hat sich alles so entwickeln können, weil die Konzerne sich die Daten der Nutzer einfach genommen haben. Mittels Einwilligung haben sie sich eine quasi Legitimation erworben, denn vielen Nutzern ist und kann gar nicht bewusst sein, in welche Nutzung sie mit einem Klick auf die häufig sehr umfangreichen und unbestimmten Datenschutzbestimmungen eingewilligt haben. Wie hat es das Bundesverfassungsgericht ausgedrückt: Der Einzelne muss wissen, wer, was, zu welchem Zeitpunkt und für welche Zwecke von ihm weiß. Eine gleichwertige Wahlmöglichkeit gibt es meistens für ihn nicht oder ist zu wenig bekannt. Und bei Verweigerung des Einverständnisses mit allen Datenverwendungen kann dieses soziale Medium oder diese Dienstleistung häufig gar nicht genutzt werden.

Viele Nutzer sind sich oft der Dimension der erlaubten Datennutzung nicht bewusst. Sie geben die Daten freiwillig preis als einen Gegenwert für die Inanspruchnahme einer kostenlosen Leistung wie der Nutzung einer Suchmaschine. Der Einzelne empfindet die Erlaubnis zur Datennutzung als nicht so gravierend, wenn er als Gegenwert Freunde, Follower, viele Bilder und Spaß hat. Und einfach dabei sein kann. Das Datenschutzrecht untersagt ja auch nicht die freiwillige Weitergabe von Daten.

Aber so einfach ist das alles nicht. Ich teile die Auffassung von Zygmunt Baumann, dass viele dem Verlust der Privatsphäre zustimmen, weil er als ein akzeptabler Preis für das tolle Zeug gesehen wird, das im Tausch erhalten wird. Und formal wird es durch einen angeblichen Vertrag auf Gegenseitigkeit legitimiert, der rein theoretisch bei Vertragsbruch sogar Rechtsansprüche begründet. Wer einmal versucht hat, bei Facebook Rechte geltend zu machen, weiß, dass es enormer Energien bedarf, um überhaupt einen Ansprechpartner zu finden, der sich bequemt, über die automatisierte Antwort hinaus eine auch nur den Anschein einer individuellen Antwort erweckende Reaktion zu zeigen.

Und was heißt Gegenseitigkeit der Leistungen? Die Aufgabe der Anonymität und der Privatsphäre reicht weit über den Vertragspartner und seine Dienstleistung wie z.B. die Nutzung sozialer Medien hinaus. Denn dessen Geschäftsmodell schließt die Weiterverwertung der Daten ein. Dass diese Daten an Dritte weitergegeben und weiterverwertet werden, ist dem Nutzer häufig gar nicht bewusst und ersichtlich. Facebook hat WhatsApp vor über zwei Jahren gekauft – für angeblich über 20 Milliarden Dollar –, weil Facebook die Telefonnummern der Nutzer von WhatsApp haben wollte. Trotz aller vorherigen gegenteiligen Beteuerungen ist genau das jetzt eingetreten, ohne dass die Nutzer vorher gefragt wurden, ob sie damit einverstanden sind.

Auch wenn ich keinen eigenen Facebook-Account habe, schützt mich das nicht davor, dass von mir personenbezogene Daten für Facebook zugänglich werden. Das passiert dann, wenn ein Facebook-Nutzer den Like it-Button auf seine Website einbindet und ihn ein Nutzer ohne eigenen Facebook-Account anklickt. Das erlaubt Facebook die Erhebung von dessen IP-Adresse. Ob das datenschutzrechtlich zulässig ist, ist umstritten, aber die Tendenz geht eindeutig dahin, es als Verstoß gegen das Datenschutzrecht zu bewerten. Der Datenhunger ist groß. Wenn das alles wie geschmiert laufen kann, verkommt Datenschutz zu einer vernachlässigbaren Größe.

Und genau das ist falsch. Datenschutz ist ein Gestaltungselement und kein Verhinderungswerkzeug. Datenschutz ermöglicht den gezielten Gebrauch von Daten. Und er greift nur bei persönlichen oder personenbezogenen Daten, die angesichts der Verknüpfungen und Vernetzungen immer mehr werden. Für rein technische und wissenschaftliche Daten ohne Personenbezug gibt der Datenschutz keine Beschränkungen auf. Datenschutz ist damit nicht fortschrittsfeindlich und wird Industrie 4.0 nicht behindern.

Seine Grundidee ist die vom Menschen als einem selbstbestimmten Wesen. Deshalb gilt im Datenschutz der Grundsatz vom grundsätzlichen Verbot der Verwendung personenbezogener Daten mit dem Vorbehalt der Erlaubnis, die durch Gesetz oder durch freiwillige Einwilligung erteilt werden kann. Das gilt heute im digitalen Zeitalter genauso wie im analogen. Die beabsichtigte Datennutzung muss einfach, verständlich, transparent, umfassend und ohne Koppelungsgeschäfte angeboten werden, damit der Nutzer wirklich weiß, für welche Daten, zu welchem Zweck und zu welcher Verwendung er seine Einwilligung erklärt. Nur eine informierte Einwilligung, deren Tragweite überschaubar ist, ist auch rechtskonform.

Deutschland hat beim rechtlichen und technischen Datenschutz eindeutig Kompetenzen. Zweimalige staatliche analoge Totalüberwachung in der jüngeren Geschichte in deutschen diktatorischen Systemen hat uns gelehrt, dass es nichts Wichtigeres gibt als starke, durchsetzbare Menschenrechte. Diese Ausforschung und Degradierung des Einzelnen zum Objekt ist mit der grundgesetzlichen Verankerung der Unantastbarkeit der Menschenwürde, der Persönlichkeit eines jeden Menschen und seiner Selbstbestimmung beantwortet worden. Darunter geht es nicht mehr!

Und der Doppelcharakter der Grundrechte führt dazu, nicht nur staatliches Handeln zu binden, sondern mit der Errichtung einer objektiven Werteordnung auch eine mittelbare Drittwirkung zwischen privaten Akteuren entfalten zu können. Das Plädoyer für den Datenschutz im digitalen Zeitalter kann gar nicht nachdrücklich und nachhaltig genug sein. Das ist tagtägliche Menschenrechtspolitik.

Es kann nichts Wichtigeres geben! Wirtschaftliches Handeln und Wachstum, mit dem Gütesiegel des Datenschutzes gekennzeichnet und ausgezeichnet, ist verantwortbare wirtschaftliche Entwicklung und praktizierte Menschenrechtspolitik und deshalb zukunftsfähig. Das ist im besten Sinne Klientelpolitik. Für alle Menschen.

### Datenschutz setzt Freiheit durch

Leider kommen wir Bürgerrechtler und Datenschützer nicht richtig raus aus der Defensive. Die Glücksverheißungen scheinen zu groß und wir dabei wieder die Spielverderber zu sein.

Die jüngsten Untersuchungen von 2016 zeigen, dass die Nutzeraffinität von Online-Dienstleistungen bei jungen Menschen bis 30 total ausgeprägt ist. Ein großer Teil sagt: »Super, super, hört mal auf mit eurer Bedenkenträgerei!« Die jungen Menschen wollen keine lästigen Datenschutz-Bürokratiemonster, sie wollen einfach drin und nicht draußen sein. Also: Datenschutz darf nicht ausgrenzen, nicht selektieren und nicht Teilhabe unmöglich machen.

Und genau das geht.

Datenschutz muss als modernes Gestaltungsmittel verstanden werden können. Wer den Datenschutz achtet, hat einen Vorteil. Er bestimmt über seine Daten und über die Preisgabe von Privatem. Ich will, dass das Recht auf informationelle Selbstbestimmung die digitale Zukunft prägt. Nutzer und Unternehmen brauchen Klarheit und Rechtssicherheit. Datenschutz ist kein »Nice to Have« und auch kein

Relikt längst vergangener analoger Zeiten. Datenschutz setzt Freiheit durch. Eine moderne liberale Digitalpolitik hat deshalb ihre grundrechtliche Dimension immer im Blick.

Und die Grundrechte müssen durchgesetzt werden. Instrumente gibt es. Ich werbe dafür, sie effektiv zu nutzen. Es darf nicht immer nur dem Nutzer überlassen werden, sich um seine Daten zu kümmern und mit ihnen sorgfältig umzugehen. Die Datenverwender müssen ihre Angebote datenschutzfreundlich ausgestalten und da sie dies freiwillig nicht tun, sind die Anforderungen dafür verpflichtend vorzuschreiben.

Mit der europäischen Datenschutz-Grundverordnung, die im Mai 2018 in Kraft treten wird und dann als anzuwendendes Recht unmittelbar in allen Mitgliedstaaten gilt, ist ein richtiger Schritt getan worden. Es ist aber nur ein erster Schritt und er reicht meines Erachtens nicht aus, um wirklich die Zukunft datenschutzfreundlich zu gestalten, da unter anderem der technische Datenschutz in seinen zahlreichen Facetten nicht ausreichend verbindliche Richtschnur wird. Diese gemeinsamen europäischen rechtlichen Standards, die alle wirtschaftlichen Akteure in der Europäischen Union unabhängig von ihrem Firmensitz binden, dürfen durch die nationalen Anpassungsspielräume nicht wieder abgesenkt werden. Die Vorschläge der Bundesregierung für ein neues Bundesdatenschutzgesetz geben leider zu Befürchtungen Anlass. Sie stellen wesentliche Errungenschaften der Datenschutz-Grundverordnung infrage. Denn die vorgelegten Regelungen sind von dem Geist geprägt, die neuen europäischen Standards durch nationale Gesetzesbestimmungen zulasten der Nutzer zu unterlaufen. Das gilt insbesondere für den Datenschutz gegenüber nichtöffentlichen Stellen, also zum Beispiel großen Internetunternehmen. Gerade sie müssen künftig in ihrer immer intensiveren Datensammlung und -weitergabe begrenzt werden, wenn die informationelle Selbstbestimmung wieder Gültigkeit bekommen soll.

Datenhungrigen Großkonzernen soll nach Vorstellung der Bundesregierung erlaubt werden, keine Informationen an die betroffenen Nutzer geben zu müssen, wenn sonst allgemein anerkannte Geschäftszwecke erheblich gefährdet werden würden. Hier werden die Lobbyinteressen von Internetwirtschaft, Auskunfteien und anderen Datenhändlern bedient, indem deren rein wirtschaftliche Interessen als öffentliche Interessen deklariert werden. Es ist nicht nur aus Sicht des Datenschutzes falsch, diese Einzelinteressen zu bedienen, sondern es wird auch der Wirtschaft schaden. Die nämlich wird unter der verbleibenden Fragmentierung des Rechts im EU-Binnenmarkt leiden und muss damit rechnen, dass sie trotz Einhaltung der Gesetzeslage in Deutschland gegen EU-Recht verstößt und damit letztlich illegal handelt.

Gerade die Bundesregierung sollte nicht die Fortschritte auf europäischer Ebene für Deutschland zurückdrehen. Das Datenschutzniveau Deutschlands würde damit hinter das in den anderen EU-Mitgliedstaaten zurückfallen. Dies ist auch im ureigenen Interesse der deutschen Wirtschaft zu kurz gedacht. Hohe Datenschutzstandards sind schon jetzt ein Standortvorteil in Deutschland. Unternehmen aus Europa und darüber hinaus wählen bisher ganz bewusst Deutschland mit seinen hohen Datenschutzstandards als Sitz für ihre Rechenzentren. Sie werben teilweise ausdrücklich mit einer »Cloud made in Germany«. Der Grund hierfür liegt auf der Hand: Vertrauen. Und Vertrauen ist zweifelsohne ein entscheidender Faktor für wirtschaftlichen Erfolg. Datenschutz und Datensicherheit sind daher für die ganz große Mehrheit der Unternehmen von größter Bedeutung. Es sind allein die wenigen marktbeherrschenden Global Player, die mit ihren Big-Data-Geschäftsmodellen ein nachhaltiges Interesse an fehlenden Standards haben dürften. Gerade die deutsche IT-Wirtschaft mit ihren vielen kleinen und mittelständischen Unternehmen würde massiv profitieren, wenn die EU als größter gemeinsamer Binnenmarkt der Welt einen starken Standard für den globalen Markt setzt und »Datenschutz made in Europe« zur Marke macht, mit der sie für ihre Produkte und Dienstleistungen werben kann.

Ich bin felsenfest davon überzeugt, dass genau darin die Zukunft der digitalen Entwicklung liegen wird. Und damit künftig die Verstöße gegen die Datenschutzstandards auch effektiv geahndet werden können, müssen die Datenschutzaufsichtsbehörden auf Bundes- und Länderebene personell, finanziell und technisch viel besser ausgestattet werden. Sie werden Bußgelder zwischen 2 % und 4 % des letztjährigen Umsatzes des Konzerns bei Datenschutzverletzungen festsetzen können. Das sind wirklich keine Peanuts. Das tut auch Weltunternehmen mit dreistelligen Milliardenumsätzen weh. Endlich ist dann die Verletzung des Datenschutzes genauso zu ahnden wie Abgasmanipulationen, Preisabsprachen und Zinsmanipulationen der Banken.

### Augen auf bei »alternativen Fakten«

Bei der Gestaltung der Digitalisierung des gesamten Lebens geht es längst nicht nur um den Datenschutz, es geht um alle Freiheitsrechte im Netz. Es geht um das Post- und Fernmeldegeheimnis und um das Computergrundrecht. Meinungsfreiheit, Pressefreiheit und investigativer Journalismus gehören zu unserer Demokratie als konstitutive Elemente. Sie sind das Lebenselexier, sie sind die Glut, aus der immer wieder Kraft geschöpft wird, um die Demokratie zu erneuern und zu festigen. Selten gab es so viel Meinungsvielfalt und -austausch wie im Internet mit seinen technischen Möglichkeiten.

Und wo ist das Problem? Je mehr, umso besser? Was macht es, wenn es drunter- und drübergeht? Meinungsfreiheit heißt doch, auch etwas aushalten zu müssen. Lieber mehr Meinungen, auch krasse, auch abartige, auch mal pöbelnde. Ist doch alles besser als Zensur. Staatliche Zensur als Verbot von Meinungen und als Vorgabe zur Meinungsbildung ist autoritär. Diktatorische Regime wollen keine Meinungsvielfalt, sie fürchten andere Meinungen, die Schwächen ihres Systems bloßlegen und die Gefolgschaft der Bürgerinnen und Bürger gefährden können. Politische Gefangene, Menschenrechtsverletzungen und Machtmissbrauch sollen nicht aufgedeckt werden. Statt offener Diskussion dann doch lieber Meinungsunterdrückung. Das ist leichter, bedarf nicht der Mühsal von Argumenten und lässt gerade faktenfrei die Machtelite besser aussehen.

Aber auch demokratische Regierungen halten nicht viel von zu viel Transparenz. Die Snowden-Enthüllungen sind von keiner Regierung begrüßt worden. Im Gegenteil. Es wurde wegen des Verrats von Staatsgeheimnissen sogar eine Gefährdung der allgemeinen Sicherheit befürchtet.

Auch Unternehmer sind alles andere als begeistert, wenn Enthüllungen ihre Firma betreffen, sei es Lebensmittel- oder Datenskandale, Korruption oder Abgasmanipulationen.

Wenn im digitalen Zeitalter diese Geheimniskrämerei eingeschränkt wird, was soll daran so schlecht sein? Und der

Einzelne solle halt nicht alles, was er über sich immer so liest, so eng sehen.

Wäre diese gelassene Reaktion nicht die angemessene Reaktion angesichts von täglichen zahllosen Beschimpfungen, Beleidigungen, unwahren Behauptungen und Cybermobbing auf unzähligen Plattformen?

Ja, etwas Gelassenheit ist bestimmt notwendig. Nicht auf jeden frei von Rechtschreibregeln hingeworfenen Schwachsinn muss Gehirnschmalz für eine Antwort aufgewandt oder auf gleichem Niveau weitergeholzt werden. Aber das kann nicht die alleinige Antwort darauf sein, dass es rüde Ehrverletzungen gibt, die ans Eingemachte gehen und Menschen gegenüber einem großen Publikum verächtlich machen. Unwahre Behauptungen über Personen müssen korrigiert werden können, um größeren emotionalen und materiellen Schaden abzuwenden. Allgemeine Gewaltfantasien, Verschwörungstheorien, Politikerbashing, sexistische Bedrohungen sind ein Gemisch aus strafbarem Verhalten und erlaubter Meinungsfreiheit.

Als Liberale hat für mich die Meinungs- und Redefreiheit einen so hohen Stellenwert, dass sie so wenig wie möglich durch Gesetze oder durch andere Maßnahmen der Regierungen oder Privatkonzerne eingeschränkt werden sollte. Meine Wunschvorstellung wäre, gemeinsam Normen und Praktiken für den optimalen Gebrauch dieser essenziellen Freiheit zu entwickeln. Der große Liberale Timothy Garton Ash hält dies angesichts der Kosmopolis und der damit verbundenen Minderung der singulären Bedeutung der souveränen Staaten für den sinnvollsten Weg. Nationale Gesetze könnten immer weniger ausrichten und das Recht spiele primär nur an den umkämpften Grenzen der erlaubten Meinungsäußerung eine Rolle, was vielleicht 0,1 Prozent aller menschlichen Äußerungen abdecke.

Schön wäre es, aber dafür braucht es aufgeklärte und abgeklärte Menschen weltweit, die sich auf diese gelebten, häufig ungeschriebenen Kodizes, auf diese Verhaltensregeln einlassen. Das ist ein Wunschtraum. Da sogar der Präsident der Vereinigten Staaten von Amerika mit seinen Tweets nicht gerade einen Beitrag zur gesitteten Kommunikation leistet, sein Umfeld mit dem Breitbart Erfinder Netzwerk und Wut gern noch antreibt wie auch die rechtspopulistischen Kräfte in Europa, wird dieser Traum nicht so bald realisiert werden können.

Also reicht es leider nicht aus, allein auf Gelassenheit und Vernunft zu setzen. Man muss sich mit den legitimen Beschränkungen der Meinungsfreiheit befassen und wann Regulierung zu gesetzlichem Paternalismus wird, der Staat sich also wie ein Vater zu seinen Kindern verhält und versucht, seine Bürger daran zu hindern, sich selbst zu schaden. Die Haltung vieler autoritärer und aller totalitären Regime ist durch und durch paternalistisch. Wir wissen, was das Beste für euch ist, sagen diese Staaten zu ihren Bürgern und behandeln sie wie Kinder und nicht wie Kants aufgeklärte Erwachsene. Staaten, die sich mit einer einzigen dominanten Religion oder einem Moralkodex identifizieren, haben eine moralistische Haltung, die den Menschen verbietet, Dinge auszudrücken, die nicht im Einklang z.B. mit der Scharia oder einem kleinen roten Buch stehen. Das war zu sehen am Fall des jungen saudi-arabischen Bloggers, der seine liberale Vorstellung des Islam ausdrückte und mit 1000 Peitschenhieben und hoher Geldbuße bestraft wurde.

Auch hinsichtlich der Meinungsfreiheit gilt die Binsenweisheit, dass das Internet kein rechtsfreier Raum ist, was von manchen selbsternannten Experten als neueste Erkenntnis verkauft wird. Im Internet ist nicht das erlaubt, was analog verboten ist. Beleidigungen und üble Nachrede sind strafbar, sowie auch verschiedene Formen der Anmache im Netz (Cyber-Grooming) mit dem Ziel, sexuellen Missbrauch zu begehen.

Nur mit der Rechtsdurchsetzung hapert es. Oder juristisch ausgedrückt: Die Durchsetzung des Strafanspruchs ist bei einem globalen Netz mit zahlreichen Plattformen und Intermediären, mit unterschiedlich zur Anwendung kommenden Rechtsordnungen und schwierigen Abgrenzungsfragen aufwendig und nicht leicht. Trotzdem kann auf sie nicht verzichtet werden. Der Rechtsstaat lebt davon, dass Rechtsgutverletzungen auch geahndet werden. Hasskommentare bis zu Morddrohungen und Gewaltdarstellungen haben 2016 nach Angaben des Bundeskriminalamtes zu 2300 Ermittlungsverfahren wegen Volksverhetzung und Gewaltdarstellung mittels Internet geführt, 500 mehr als 2015. Nach einer Forsa Studie haben zwei Drittel der Deutschen bereits Erfahrungen mit Hasskommentaren gemacht. Manche Politikerinnen und Politiker bekommen öfter Morddrohungen. Sogar auf den Facebook-Seiten der Staatskanzleien und der Parteien sind auch Hasskommentare zu lesen. Der Ton wird rauer, die Hemmschwelle zur Beschimpfung sinkt.

Dieser unerfreuliche Befund treibt die Debatten um neue strafbewehrte Verbote an. Anhebung der Strafandrohung bei Beleidigungstatbeständen und bei Volksverhetzung sind zuerst auf dem Markt gewesen. Das ist immer am einfachsten und soll die Bereitschaft zum entschiedenen Handeln unterstreichen. Wie armselig. Als wenn sich ein aggressiver Kommentarschreiber dadurch davon abhalten ließe. Er weiß im Zweifel gar nichts über mögliche Strafen. Es wird weiter gefordert, Politiker-Stalking als neuen Straftatbestand einzuführen, da es Lücken im geltenden Strafrecht gäbe. Das sei eine Gefahr für die Demokratie, weil sich immer weniger Menschen bereitfänden, öffentliche Ämter zu übernehmen. Sollen dann künftig Bannmeilen um ihre Büros und privaten Wohnungen gezogen werden? Mord- und Gewaltdrohungen, Nötigung sind wie auch allgemein Stalking längst strafrechtlich erfasst.

Ich bin gegen ein solches Sonderrecht für Politiker. Sie werden am besten durch die breite Unterstützung der Bevölkerung und, wo notwendig, von der Polizei geschützt. Die Justiz aber braucht die technische und personelle Unterstützung, um das geltende Recht anzuwenden und auch die Strafrahmen auszuschöpfen.

Die politische Debatte leidet an Ungenauigkeiten. Nicht jeder Hasskommentar ist eine Beleidigung. Es geht auch um allgemeine Unzufriedenheit im Umgang mit bestimmten politischen Themen. Die Flüchtlingspolitik hat die Emotionen besonders aufgeheizt, und dieses Thema wird gezielt von manchen Parteien benutzt, um die Unsicherheit, den Vertrauensverlust in Politik und auch die Angst von Bürgerinnen und Bürgern für sich zu nutzen. Zugespitzte Positionen, Weglassen einzelner Sachverhalte bis hin zu Behauptungen frei von jeglichem Fakteninhalt hat es auch schon früher in politischen Auseinandersetzungen gegeben – analog. Wer wurde nicht schon als angeblicher Spion in Zeiten des Kalten Krieges verunglimpft?

Ich halte auch nichts von Fake News. Als Politikerin bin ich für echte Nachrichten verantwortlich, und da ist es schon schwierig genug, immer überzeugende Antworten auf Probleme zu bieten. Falschnachrichten sind nun mal nicht grundsätzlich verboten. Sollen sie künftig verboten werden? Was würde das für die Journalisten bedeuten, wenn sie über behauptete Falschmeldungen neutral berichten? Machen sie sich damit künftig strafbar?

Das Hetzen gegen Flüchtlinge, verrohende Bilder und das gezielte Indoktrinieren mit Falschnachrichten – vieles ist einfach widerlich. Und diese Fake News können Wählerverhalten beeinflussen, weil sie mit meinungsbildend sind und politische Konkurrenten schlechtmachen können. Dass es eine russische Beeinflussung des Wahlkampfes gegeben hat, wird inzwischen sogar von Trump konstatiert. Ob Trump deshalb die Wahl im November 2016 gewonnen hat, ist schwierig zu beweisen. Zu komplex ist die Abgrenzung von Desinformationskampagnen und Verbreitung von Lügengeschichten gegenüber vielleicht zutreffenden oder nicht zutreffenden Behauptungen oder subjektiven Bewertungen und ihre jeweiligen Auswirkungen.

Soll in eine Gutachterschlacht gezogen werden, in der Behauptungen belegt und widerlegt werden? Der gesellschaftliche Schaden, der durch Falschnachrichten entstehen kann, ist enorm – weil er Personen öffentlich bloßstellt oder die politische Debatte unzulässig beeinflusst. Wer entscheidet denn über wahr und unwahr? Braucht Deutschland ein Wahrheitsministerium oder eine Abwehrzentrale gegen Desinformation? Die Debatte bekommt bizarre Züge.

Deshalb zurück zu den Fakten.

Handelt es sich bei Falschnachrichten auch um strafbare Inhalte wie üble Nachrede und Volksverhetzung, greift das Strafrecht. Diese Bewertung vorzunehmen, ist nicht immer leicht. Es gibt schwierige Abgrenzungsfragen. Viele Gerichte sind damit befasst und die juristische Expertise ist groß.

Unterhalb der Strafrechtsschwelle zeichnet sich der Begriff Fake News durch fehlende Trennschärfe und zahlreiche Grauzonen aus. Wann ist eine Information falsch und wann nur eine gewagte Behauptung, die sich als falsch oder richtig herausstellen kann? Gerade wenn es um den Streit um Fakten geht, haben wir in Deutschland Medien mit journalistischen Prinzipien, die Faktenchecks vornehmen und anspruchsvoll recherchieren. Es gibt inzwischen Faktencheck – Netzwerke und dazu gehört Hoaxmap, die sich des gefälschten Informationsflusses in den sozialen Medien annehmen. Sie werden immer wichtiger, sie nehmen Gegendarstellungen vor und erzählen das Narrativ von Lügenerzählern. Darauf müssen wir setzen. Nicht darauf, Konzerne oder den Staat zum Oberzensor zu machen.

### Soziale Medien prägen das Bild der Gesellschaft

Die Politik will besonders die Sozialen Medien, allen voran Facebook, stärker in die Verantwortung nehmen. Sie sollen eine Beschwerdestelle für Nutzer einrichten und nach entsprechender Prüfung soll die betroffene Meldung innerhalb von 24 Stunden gelöscht werden, andernfalls muss mit empfindlichen Bußgeldern bis zu 500 000 Euro gerechnet werden. Harte Strafen, die den Geldbeutel treffen, sollen es sein. Vielen früheren Ankündigungen, auch aus dem Bundesjustizministerium, sind bisher kaum Taten gefolgt. Weil es einfach zu schwierig und außerdem sehr problematisch ist, private Plattformen bzw. ihre Algorithmen mittels Bußgeldandrohungen zum Oberentscheider über politische Auseinandersetzungen und über den Graubereich zwischen erlaubter und unerlaubter Meinungsäußerung zu machen.

Ich bin auch hier gegen gesetzgeberischen Aktionismus. Aber das heißt nicht, dass ich gut finde, was Facebook treibt. Facebook ist mehr als eine Plattform, auf der sich nur die Nutzer tummeln. Facebook ist Beschleuniger von Nachrichten, ein wichtiges Mittel der politischen Bildung und Einflussnahme. So ergab die vom Hans-Bredow-Institut der Universität Hamburg erstellte »Reuters Institute Digital News Survey 2016«, dass für rund die Hälfte der 18- bis 35 Jährigen das Internet der wichtigste Nachrichtenlieferant ist. Für ein knappes Drittel der Jüngeren mit Internetpräferenz haben soziale Netzwerke die Onlineauftritte traditioneller Medien als primäre Nachrichtenquelle abgelöst, mit wachsender Tendenz. Welche Inhalte dort geteilt werden, prägt das Bild der Gesellschaft entscheidend mit.

Nach geltendem deutschen Recht muss ein Plattformbetreiber nach Kenntnis von einer konkreten strafbaren Handlung diese Information unverzüglich löschen oder den Zugang zu ihr sperren, weil er andernfalls selbst in die Haftung geraten könnte. Weiter gibt es eine strafbewehrte Meldepflicht geplanter Straftaten an die zuständigen Strafverfolgungsbehörden. Bei Kinderpornos scheint die Weiterleitung von Hinweisen an die zuständigen Strafverfolgungsbehörden in den USA und im Ausland, also auch in Deutschland, zu funktionieren. Ich war bei meinem Besuch des amerikanischen National Center For Missing and Exploited Children von der effektiven, fachkundigen Arbeit beeindruckt.

Facebook hat Gemeinschaftsstandards entwickelt, die ständig weiterentwickelt werden und vorgeben, welcher Inhalt gelöscht werden soll. Dem von IT-Firmen so hochgehaltenen Grundsatz der Transparenz entspricht Facebook dazu nicht. Diese Standards sind nicht allgemein zugänglich, sondern streng geheim. Der Süddeutschen Zeitung liegen sie vor und ihre Dokumentation zur Löschpraxis mittels beauftragter Firmen gibt einen erschreckenden Einblick in diese dunkle Seite des täglichen Grauens. Über ca. 100 000 Menschen arbeiten nach Schätzung von Medienwissenschaftlern als sogenannte Content-Moderatoren – ein grauenvoller Job, der sie täglich mit Bildern von Morden, Gewaltanwendung, Kinderpornos, Terroranschlägen konfrontiert.

### Facebook muss transparent werden

Ich fordere, dass Facebook und die anderen sozialen Medien umfassend offenlegen, welche Straftaten sie den deutschen Behörden melden. Es muss öffentlich sichtbar werden, wie sie mit Inhalten auf ihren Plattformen umgehen. Es muss nachgeprüft werden können, ob sie sich an die rechtlichen Bestimmungen halten oder nach dem wirtschaftlichen Maßstab verfahren, Nutzer möglichst lange auf ihren Seiten zu halten, damit sie möglichst viel Werbung sehen und Facebook damit möglichst viel Geld verdient. Darauf sollte die Politik mit Nachdruck drängen und sich nicht abspeisen lassen. Nutzer können Falschnachrichten häufig nicht erkennen. Da wird sich auch Facebook schwertun. Aber warum sollte nicht einmal getestet werden, dass Facebook Falschnachrichten durch Kennzeichnung sichtbar macht und damit dem Nutzer eine Orientierungshilfe gibt? Alle Vorschläge, die auf die weitgehende Löschung von sogenannten

Falschnachrichten abzielen, kommen schon wegen der Kollateralschäden für die Meinungsfreiheit nicht in Betracht.

Es geht darum, mehr Bewusstsein für den Wert der Auseinandersetzung zu schaffen, sie dieser Hass-Kultur und Desinformation entgegenzusetzen, sich auf einen Kodex der Fairness mit harten Bandagen oberhalb der Gürtellinie zu verständigen. Die zahlreichen Plattformbetreiber können diese Debatte mit befördern, dafür werben und sich selbst beteiligen. Nicht im Sinne der Zensur, sondern des Angebots. Sie erreichen Millionen Menschen, mehr als jede Zeitung oder Bundestagsdebatten. Dazu braucht es die Einsicht in ihre Rolle im öffentlichen Online-Diskurs. Längst sind sie über die Funktion des Technikanbieters hinausgewachsen. Wenn die Demokratie dagegen nur als lästiges Bürokratiemonster verstanden wird, der man die eigenen Erkenntnisse darüber, was die Bürgerinnen und Bürger angeblich wollen, gegenüberstellt, dann wird es richtig gefährlich. Solche Stimmen sind aus dem Silicon Valley auch zu vernehmen. Das sind autoritäre Haltungen und Anmaßungen, die es zu entlarven gilt.

### Googles Löschbeirat

Etwas anders ist der Sachverhalt beim sogenannten Recht auf Vergessenwerden gelagert. Häufig wurde ein digitaler Radiergummi für mehr Ordnung in der digitalen Kommunikation gefordert. Darin kommt das Unbehagen über immer wiederkehrende Links von Suchmaschinen auf alte Berichterstattung zum Ausdruck, die aktuell gar nicht mehr zutrifft, damals aber inhaltlich korrekt war. Der Europäische Gerichtshof hat im Mai 2014 in einem Verfahren gegen Google festgestellt, dass es für Google als Suchmaschinenbetreiber auch eine Verantwortung für die Links gibt, mit denen auf Zeitungsartikel und Berichterstattung hingewiesen wird. Wenn darin eine Verletzung des Persönlichkeitsrechtes der dort genannten Person liegt, muss der Link gelöscht werden. Es ging um die Insolvenz eines Spaniers, die nach einer Anzeige in spanischen Zeitungen zur Zwangsversteigerung geführt hatte. Bei Recherchen mit seinem Namen tauchte immer sofort der Hinweis auf die Insolvenz auf, auch als es nicht mehr zutraf, und hatte damit geschäftsschädigende Wirkung. Es sollte also keine Verbreitung dieser Information mittels einer Suchmaschine mehr stattfinden, weil das Recht auf Datenschutz und auf Schutz der Privatsphäre nach der Europäischen Grundrechtecharta verletzt war. Das Urteil war ein Donnerschlag. Nicht nur Journalisten, auch die Suchmaschinenbetreiber tragen nun Verantwortung für die Verbreitung von Inhalten. Der Europäische Gerichtshof hat damit Rechtsgeschichte geschrieben, viel Lob und viel Kritik wegen zu starken Eingriffs in das presserechtliche Äußerungsrecht geerntet: Wie kann nur das Löschen von Links im Zeitalter der grenzenlosen Kommunikation gefordert werden! Ja, es muss das Löschen bei Persönlichkeitsrechtsverletzungen gefordert werden.

Für Google war die Entscheidung zuerst vollkommen unverständlich und eine große Herausforderung. Ich wurde von Google in den gegründeten Löschbeirat berufen, der Leitlinien für die Praxis von Google zum Umgang mit Anträgen auf Löschung von Nutzern erarbeitet hat. Viele haben mich gefragt, warum ich in diesem Beirat neben 7 weiteren Fachleuten aus der Wissenschaft, den Medien, von Wikipedia, der Menschenrechtsverteidiger und dem Datenschutz mitwirke. Bei Google!

Ich hatte damit die Gelegenheit, ehrenamtlich Ratschläge für die Umsetzung dieser von mir sehr begrüßten Entscheidung mit zu erarbeiten und damit auf eine grundrechtsfreundliche Praxis hinzuwirken. Es war sehr spannend, die unterschiedlichen Expertenmeinungen in großen Anhörungen in mehreren europäischen Hauptstädten zu hören und zu hinterfragen. Mit dem Bericht des Löschbeirats sind Empfehlungen formuliert worden, die den Datenschutz und den Schutz der Privatsphäre angemessen gegenüber dem öffentlichen Interesse an Berichterstattung gewichten. Die Löschpraxis von Google hat sich seitdem recht positiv entwickelt. Von über 670 000 Anträgen auf Löschung von Juni 2014 bis zu Beginn des Jahres 2017 waren 43 % erfolgreich, 56 % wurden zurückgewiesen. In der europäischen Datenschutz-Grundverordnung enthält Art. 17 einige Regeln zum Recht auf Löschen, also zum sogenannten Recht auf Vergessenwerden. Der Begriff ist ungenau, denn mit dem Löschen von Links wird nicht vergessen, was in den Medien berichtet wurde, die Fundstellen werden nur schwieriger auffindbar. Einen grundsätzlichen Streitpunkt gab es im Beirat, der sich in den persönlichen Stellungnahmen niederschlägt. Er dreht sich um die Reichweite des Rechts auf Löschung. Was sich so juristisch anhört, ist von erheblicher Auswirkung. Soll nur in dem Land der Link gelöscht werden, in dem der Antragsteller wohnt, also bei Recherchen von google.de oder google.fr oder soll weltweit gelöscht werden, sodass auch mit google.com der Link nicht mehr auffindbar ist? Ich habe als einziges Mitglied im Beirat genau diese Haltung vertreten, weil andernfalls ja das Löschen ganz einfach umgangen werden kann. Google löscht jetzt so, dass bei einer Recherche auch mit google.com der Link in dem Land gelöscht wird, in dem der Nutzer wohnt, also wenn ich einen Antrag stellen würde, in Deutschland. Das reicht meiner Meinung nach nicht, sondern es muss jeder Link gelöscht werden, der zu dieser die Persönlichkeit verletzenden Berichterstattung führt. Die Debatte geht weiter, in mehreren europäischen Ländern gibt es Gerichtsentscheidungen. Gerade wegen meiner klaren Haltung für die Persönlichkeitsrechte und für den Datenschutz ist die Organisation für Verantwortung und Demokratie im Internet (AAID) in Paris, die sich in einem Bericht an die UNESCO für dieses Recht einsetzt, gegründet worden.

Die Diskussion zur Rolle und Verantwortung der vielfältigen Internet-Plattformen ist voll im Gang. Die Zeit, sie nur als technische Türöffner zur Kommunikation und Information für Millionen Menschen zu bewerten, ist vorbei. Ihre beherrschenden Einflüsse in allen Bereichen der Gesellschaft, der Forschung und der Wirtschaft müssen neu justiert werden. Das Wichtigste ist die gesellschaftliche Debatte und die Ausbildung zu humanistisch aufgeklärten Menschen, die diese Entwicklungen verstehen, kritisch hinterfragen und die ethischen und moralischen Konflikte aufwerfen und im Sinn des Humanismus der Aufklärung beantworten. Mit der intensiven Vermittlung von Medienkompetenz, nicht nur von Technik, in den Schulen fängt es an, um die Voraussetzungen für diesen öffentlichen Diskurs zu schaffen. Mit dem richtigen Gestaltungsrahmen für den Schutz elementarer Freiheitsrechte der Nutzer und zur Beschränkung marktbeherrschender Macht von Konzernen muss es weitergehen.

# Wofür ich stehe

## Leitwerte statt Dumpfheit

Die Bundestagswahl 2013 brachte mit dem Ausscheiden der FDP aus dem Deutschen Bundestag, das erste Mal seit 1949, ein abruptes Ende meiner 23-jährigen Arbeit als Berufspolitikerin. Das kam für mich überraschend, auch wenn die liberale Performance sehr zu wünschen übrig gelassen hatte. Sogar 1983 hatte die FDP es nach der Wende trotz deutlichen Ansehensverlustes über die 5%-Hürde geschafft. Warum nicht auch 2013! Doch der Vertrauensverlust in die wirtschaftliche und finanzpolitische Kompetenz war nach dem fulminanten Wahlsieg 2009 mit den vollmundigen steuerpolitischen Reformankündigungen und der mageren Bilanz einfach zu groß. Dieser Absturz war selbstverschuldet. Weder Verschwörungstheorien noch außerirdische Mächte hatten eine Rolle gespielt. Dass im Wahlkampf jeder für sich mit eigenständigem Profil um Wählerinnen und Wähler kämpft, auch als Noch-Koalitionär, ist selbstverständlich, aber für den kleineren Koalitionspartner schwieriger.

Für mich war dieser Einschnitt auch ein Aufbruch. Auflösen der Wohnung am Prenzlauer Berg in Berlin, in der ich seit 1998, damals noch mit einer kleinen Kohlehandlung im Erdgeschoss, gewohnt hatte, und wieder richtig sesshaft werden in Feldafing am Starnberger See. Das Bundestagsbüro mit Hunderten Ordnern und Büchern von 23 Jahren Tätigkeit in Ausschüssen und 7 Jahren in der Parlamentarischen Versammlung des Europarates räumen, als Landesvorsitzende der FDP in Bayern zurücktreten und zur Elder Stateswoman als Ehrenvorsitzende gewählt werden, die Anwaltszulassung aktivieren, in den Vorstand der Friedrich-Naumann-Stiftung für die Freiheit gewählt und im Juni 2014 zum Mitglied in den Löschbeirat von Google berufen werden – das war wirklich ein zwar manchmal etwas wehmütiger Abschied, aber auch und ein entspannter Neubeginn.

Natürlich bin ich weiterhin politisch. Politik ist für mich keine Droge, keine Beschäftigungstherapie, Politik ist keine Wichtigtuerei und keine alternativlose Berufung. Das politische Denken kann ich nicht an der Garderobe des Bundestages abgeben. Es ist tief in meiner Persönlichkeit verankert und treibt mich um.

Ja warum eigentlich? Es gibt doch genug gewählte Abgeordnete im Bundestag und in den Ländern, Parteienvertreter, Kommentatoren und Publizisten mit klugen, alternativen und kreativen Vorstellungen.

Mich treibt um, dass die Stimmen in der Gesellschaft für unsere Freiheit immer schwächer und weniger wahrnehmbar werden. Mich treibt um, dass Freiheit als selbstverständlicher Wert ohne Blick auf ihre Gefährdungen betrachtet wird. Mich treibt um, dass fälschlicherweise die liberale De-

Bei einer Podiumsdiskussion mit Joachim Gauck, dem damaligen Bundesbeauftragten für die Stasi-Unterlagen, Anfang der 90er Jahre

mokratie nach dem 1992 veröffentlichten Buch »The end of History« von Francis Fukujama als nicht mehr notwendig zu verteidigende angesehen wird. Mich treibt um, dass Sicherheit häufig als die einzige Grundlage für Freiheit verstanden wird und Freiheit ohne Sicherheit gar nicht mehr denkbar scheint. Mich treibt um, dass Freiheit nicht mehr die Freiheit des Andersdenkenden ist, sondern vorwiegend als Freiheit der Mehrheit gesehen wird und der Minderheit diese Rechte abgesprochen werden. Die darin liegende Gefahr der Diktatur der Mehrheit wird nicht wahrgenommen.

Das kommt auch im Wort Leitkultur zum Ausdruck. Denn sie erweckt den Eindruck, dass, wer sich nicht der wie auch immer definierten Leitkultur anschließe, sich als Außenseiter damit abfinden solle, dass er nicht dazugehöre. Homogene Gesellschaften, auf Abstammung gegründet, sollen alles einfacher machen und wieder Ordnung in diese so unordentliche Welt um uns herum bringen.

Die wichtigsten Errungenschaften der letzten fast 70 Jahre stehen auf dem Spiel. Die Europäische Union als wichtiges Friedensprojekt und als starke europäische Wirtschaftsgemeinschaft ist in Gefahr, ihre Zukunft zu verspielen. Die NATO und das transatlantische Bündnis sind keine sicheren Koordinaten der westlichen Außen- und Verteidigungspolitik mehr. Imperialistische Machtspiele und die schleichende Verschiebung des Einflusses im Nahen Osten führen zu neuen Gewichtungen der Akteure. Und in Deutschland wird gezielt die verharmlosende Benutzung von Wörtern, denen ein historischer Bezug eindeutig zuzuordnen ist, wie Lügenpresse, Umvolkung und Volkserziehung, betrieben, um viele Menschen mit dem Hass auf alle Fremden und Andersgläubigen und gegen die sogenannte etablierte Politik aufzuhetzen. Mit dem Unwort »Volksverräter« des Jahres 2017, von Literaturwissenschaftlern in Darmstadt ausgewählt, in deren Jury ich mitwirken durfte, soll die diffamierende Kraft auch dieses Wortes sichtbar gemacht werden, das als Vorwurf von Anhängern von Pegida, AfD und anderen Initiativen Politikern entgegengehalten wird und jedes ernsthafte Gespräch und damit die in einer Demokratie so wichtige Diskussion abwürgt.

Und das treibt mich als politisch denkenden Menschen um. Ist es zu sperrig, zu wenig emotional, zu fern vom Bürger, wenn ich von diesen alten nationalstaatlichen Verherrlichungen und Verheißungen nichts halte, sondern sie im Gegenteil als Gefahr sehe? Für mich ist die deutsche Schicksalsgemeinschaft ein verirrtes, verwirrtes Konstrukt, das Allmachtsfantasien verbrämen soll.

Ja, für mich gibt es »Leitwerte«. Es sind die im deutschen Grundgesetz verankerten Grundrechte und unser demokratisch verfasster Rechts- und Sozialstaat. Es sind unsere verfassungsrechtlich garantierten Institutionen. Da bin ich Patriotin. Dafür stehe ich ein. Für sie kämpfe ich. Das ist für mich gelebter Verfassungspatriotismus. Und den brauchen wir gegen die dumpfe einseitige Aufladung des Völkischen.

In diesem Denken hat mich besonders die überzeugte und andere so faszinierend überzeugende Demokratin und liberale Streiterin Hildegard Hamm-Brücher – unabhängig vom Parteibuch – bestärkt und beeindruckt. Sie kämpfte gegen Alt-Nazis, gegen die ewig Gestrigen, gegen Fremdenfeindlichkeit und gegen Menschenverachtung. Ihre klare Haltung – auch in Situationen, in denen die parteiliche Gefolgstreue erwartet wird – ließ sich nicht beirren. In ihrer klaren Haltung war ihre Stärke. Darin war sie mir Vorbild. Wenn es nicht etwas anmaßend klingen würde, würde ich mich als Abgeordnete aus Bayern 1990 als ihre Nachfolgerin im Deutschen Bundestag verstehen. Als Nachfolgerin insofern, als die lebendige Bürgergesellschaft und, im Sinne von Theodor Heuss, die Demokratie als Lebensform immer wieder gelebt und bewusst gemacht werden muss. In der von Hildegard Hamm-Brücher im Jahr 1964 gegründeten Theodor-Heuss-Stiftung arbeite ich seit vielen Jahren als stellvertretende Vorsitzende mit. Sie wird jetzt von Ludwig Heuss, dem Enkel von Theodor Heuss, als Vorsitzendem exzellent geleitet und greift besonders mit der jährlichen Theodor-Heuss-Preisverleihung aktuelle Probleme und Defizite unserer Demokratie auf. Bei dieser Arbeit habe ich Joachim

Gauck als Vorstandsmitglied in den 90er-Jahren kennen- und als unabhängigen Freigeist schätzen gelernt.

War Hildegard Hamm-Brücher die beste Bundespräsidentin, die es nicht gegeben hat – so ein Kommentar zu ihrem Tod im Dezember 2016 –, so war Joachim Gauck der Bundespräsident, der wie kein anderer das Freiheitsethos verkörpert hat. Ich bin bis heute etwas stolz, dass die FDP ihn auch als Kandidaten der CDU/CSU/FDP-Koalition in der letzten Legislaturperiode durchsetzen konnte. In seiner ruhigen, unaufgeregten und sehr engagierten Art gibt Bundespräsident Joachim Gauck Orientierung und setzt Maßstäbe in dieser von Zukunftsängsten und Unsicherheit geprägten Zeit. Dass einige Frauen-Initiativen, Zonta-Clubs und Netzblogs mich als Kandidatin für seine Nachfolge ins Gespräch gebracht hatten, war nicht besprochen, nicht initiiert und nicht gewollt. Aber ein bisschen gefreut hat es mich.

## Verfassungspatriotismus für gesellschaftlichen Zusammenhalt

Bundespräsident Gauck hat sich unermüdlich für den Zusammenhalt unserer Gesellschaft eingesetzt. Angesichts der nicht zu überhörenden und zu übersehenden Angriffe auf elementare Bestandteile unserer Demokratie müssen wir den bröckelnden gesellschaftlichen Kitt wieder festigen. Um dem in diesem Zusammenhang so wichtigen Begriff des Verfassungspatriotismus näherzukommen, möchte ich eine aus der Antike stammende, dem griechischen Komödiendichter Aristophanes zugeschriebene und Jahrhunderte später von dem römischen Philosophen und Politiker Cicero aufgenommene Aussage zitieren. Beide Autoren waren übereinstimmend der Meinung, dass »patria est, ubicumque est bene«, was auf Deutsch etwa heißt: »Mein Vaterland ist da, wo es mir gut geht«.

Heinrich Heine beklagte bitter, »dass der Patriotismus des Deutschen darin besteht, dass sein Herz enger wird, dass es sich zusammenzieht wie Leder in der Kälte, dass er das Fremdländische hasst, dass er nicht mehr Weltbürger, nicht mehr Europäer, sondern nur ein enger Deutscher sein will«.

Dolf Sternberger, einer der Nestoren der deutschen Politikwissenschaft, hatte den Begriff Verfassungspatriotismus 1982 in einer Rede anlässlich des 25-jährigen Bestehens der Akademie für Politische Bildung geprägt. Sein Patriotismus-Begriff zielt auf die gelebte, die weiterentwickelte Verfassung des Gemeinwesens, auf politisches Handeln, das sich vom Recht begrenzen lässt und stets um die Wahrung der Freiheit bemüht sein soll. Er gründet in einem politischen Vaterlandsbegriff, der den Stolz der Bürgerinnen und Bürger auf ihre freiheitliche politische Ordnung beinhaltet. Die Verfassung besteht nicht nur aus den Grundrechten, sondern garantiert mit der Gewaltenteilung, der unabhängigen Gerichtsbarkeit und dem demokratischen Staat erst die Einlösbarkeit der Menschenrechte als Bürgerrechte. Dieser Verfassungsstaat ist kein lebloses Gebilde, kein Vernunftkonstrukt, das nicht die Herzen wärmen kann, sondern er ist Heimat, sicherer Hafen und »der Panzer für die Freiheit«.

Die Vereinigten Staaten von Amerika mit einer Bevölkerung aus Europa, Asien und Afrika sind so bunt gemischt wie kein anderes Gemeinwesen der Welt und waren zumindest durch ihre Verfassung und ihre patriotischen Gefühle geeinigt. Der Rassismus trennt sie und spaltet die amerikanische Gesellschaft tiefgehend. Der frühere Bundespräsident Richard von Weizsäcker hatte 1987 anlässlich eines Kolloquiums zum 80. Geburtstag Dolf Sternbergers dessen Begriffsprägung geradezu in den Rang einer »Wahrheit« gehoben und zeigte sich mit Dolf Sternberger gewiss, »dass mit der Verfassung als Aufgabe der Patriotismus wieder einen Gegenstand bekommen habe, an dem er sich orientieren könne«. Jürgen Habermas greift im Rahmen des Historikerstreits den Sternberger'schen Begriff auf und baut ihn, um eine schöne Kant'sche Ausdrucksweise zu benutzen, in »weltbürgerlicher Absicht« in einen postnationalen Zusammenhang ein.

Gegen eine schuldentlastende Interpretation der jüngeren deutschen Geschichte gewendet und mit Blick auf die Ein-

Bei der Verleihung des Theodor-Heuss-Preises an Jürgen Habermas in Stuttgart, 1999

gliederung der Bundesrepublik in die Europäische Union stellt Habermas fest, dass »der einzige Patriotismus, der uns dem Westen nicht entfremdet, nur ein Verfassungspatriotismus sein kann«.

Wer heutzutage einem überkommenen übertrieben nationalen Staatsverständnis frönt, wer Loyalität und Patriotismus über kulturelle und ethnische Homogenität herstellen will, der ist nicht mehr von dieser Welt: Der setzt sich und unsere Gesellschaft der großen Gefahr aus, wieder in der gestrigen zu landen.

Ich bin fest davon überzeugt, dass wir diese, vielleicht einzige Möglichkeit nutzen müssen, einen auf unsere republikanische, freiheitliche und demokratische Verfassung abstellenden, in den Herzen und Köpfen möglichst aller Bürgerinnen und Bürger verankerten Verfassungspatriotismus zu befördern, wenn wir an gesellschaftlichem Zusammenhalt interessiert und nicht bereit sind, eine zunehmende Fragmentierung unserer Gesellschaft mit allen ihren Konsequenzen in Kauf zu nehmen.

Verfassungspatriotismus sollte Bildungsziel sein und unsere Verfassung als das begreifbar machen, was sie ist: eine mit all ihren freiheitlichen, demokratischen, grundrechtlichen, institutionellen und prozeduralen Implikationen politisch-kulturelle Entwicklung, die für Änderungen offen ist und sich ihrer vor Gefährdungen nicht gefeiten Geschichte bewusst ist. Diese anspruchsvolle erzieherische Aufgabe fordert uns alle, sie gehört stärker in die Schulen und in die politische Auseinandersetzung. Die Polarisierung der politischen Parteien und ihrer Anhänger ist dann kein Unglück, wenn ihre Zusammengehörigkeit im Verfassungsleben nicht in Vergessenheit oder in Verfall gerät. Wer allerdings die Po-

Mit Herta Däubler-Gmelin in der Parlamentarischen Versammlung des Europarates, 2008

larisierung damit befördert, dass er mehr »völkisch sein« einfordert und die Verfassungsorgane als willfährige Institutionen diffamiert, der entfernt sich bewusst von dem gemeinsamen verfassungsrechtlichen Wertefundament. Wer sich dem europäischen Populismus zugehörig fühlt – und das reicht inzwischen über die britische Ukip, den französischen Front national, die österreichische FPÖ, die deutsche AfD zur ungarischen Fidesz und polnischen PiS-Partei –, der allerdings zeigt seine strukturelle Unfähigkeit, eine klare Abgrenzung zum antidemokratischen Rechtsextremismus zu ziehen. Diese Parteien vertreten nicht die Freiheit eines Dolf Sternbergers, die »in einem Gemeinwesen dann herrscht, wenn dieses seinen Angehörigen nicht bloß individuelle Freiheit gewährt bis zur Grenze des Gesetzes, sondern wenn es Freiheit selber schafft, bildet, hütet, verteidigt und lehrt«.

Gerade in der zunehmenden Aggressivität der Wortbeiträge und Zurufe und deren Wortwahl, die ja keine wirkliche politische Auseinandersetzung darstellt, sondern ausschließlich dem Bedienen der eigenen vermuteten Anhängerschaft dienen soll, kommt diese grundlegende Distanz zum demokratischen Verfassungsstaat zum Ausdruck. Umvolkung durch die Flüchtlingspolitik vorzuwerfen, die deutsche Staatsangehörigkeit nur rassistisch begründen zu lassen, die Europäische Union wegen nationaler Souveränitätsverluste weitestgehend abzulehnen, autoritären Staatsführern zu huldigen – das alles unterhöhlt den Verfassungsstaat und soll ganz bewusst destabilisieren.

### Wahlen im digitalen Zeitalter

Ran an die Buletten, möchte man rufen, wenn es denn nicht wirklich zu umgangssprachlich wäre. Ran an die offensive Auseinandersetzung. Jetzt sind doch die Irrungen und Wirrungen vorbei, die bei den Landtagswahlen 2016 dazu führten, dass sich manche Kandidaten auf keine Podiumsdiskussion mit Vertretern der AfD einlassen wollten und damit eine Arroganz und Überheblichkeit zeigten, die bei den Bürgern erst recht eine Protesthaltung förderte. Jetzt ist das Selbstverständliche klar, dass nämlich um unsere Werte gekämpft werden muss: mit offenem Visier, mit guten, verständlichen Argumenten, mit unmissverständlicher Haltung, frech und offensiv. Wer mit T-Shirt-Aktionen wirbt, auf denen »Rapefugee« aufgedruckt ist und damit die Meinung zum Ausdruck bringen will, dass durch Flüchtlinge (refugees) eine Gefahr in Form von Vergewaltigung (rape) ausgeht, der will Angst und Vorurteile verbreiten, der will diskriminieren, der will pauschal alle Flüchtlinge zu potenziellen Vergewaltigern machen und der will einfach nur hetzen. So geschehen von der NPD und Lutz Bachmann (Pegida). Diesen Agitatoren und ihrem geistigen Umfeld darf allein kein öffentlicher analoger und digitaler Raum überlassen werden. Haltung zeigen, kein Geschwafel, kein übliches politisches Lavieren, und die überzeugende Präsenz der Verfassungsfreunde, das ist das Gebot der Stunde.

*Es steht viel auf dem Spiel.*

Es gilt, die Demokratie im digitalen Zeitalter zu verteidigen. Mit Haltung – das ist das eine. Mit den digitalen Instrumenten zur Überzeugungsarbeit – das ist das andere. Seit der Trump-Wahl wird diskutiert, ob derjenige die Wahl gewinnen kann, der die besseren Daten über die Bürger hat. Ob das Microtargeting, also die gezielte Ansprache von Menschen aufgrund ihrer politischen Präferenzen, Interessen und Verhaltensweisen mittels Big Data Auslese mit den Botschaften, die sie gerade hören wollen, wirklich entscheidend ist. Man weiß es noch nicht sicher, aber dass bei bestimmten Wählergruppen Motivation, überhaupt wählen zu gehen, erzeugt werden und damit also auch die Meinung geprägt werden kann, ist wohl ziemlich sicher. Diesbezügliche Analysen von Facebook legen das nahe. Die Parteien in Amerika versuchen jedenfalls weitestgehend, mittels umfassenden Datenmaterials sogenannte Scores, also Punktebewertungen, zu ermitteln, die das Wahlverhalten besser einschätzbar machen. Diese ziemlich unregulierte und unbeschränkte Art von Datenanalyse und Datennutzung scheitert in Deutschland bislang am Datenschutz. Zu Recht. Parteien nutzen in eingeschränkterem Umfang die Datenbestände von Plattformen zur Zielgruppensteuerung, um ihre Botschaften personalisiert zu platzieren.

Von einer anderen Qualität sind die sogenannten Social Bots, die künstlichen Meinungs-Roboter, die als maschinell gesteuerter Social-Media-Account in sozialen Netzwerken mit Nutzern kommunizieren und Themen aufbauschen können. Social Bots können entsprechend ihrer Programmierung zur Radikalisierung beitragen. Brisant wird es, wenn sie Fake News benutzen. Dann gibt es einen hohen Verbreitungsgrad der permanenten Desinformationskampagnen, die rein technisch gesteuert politische Konkurrenten schlechtmachen und aufhetzen. Hillary Clinton und Donald Trump haben im Wahlkampf Social Bots eingesetzt.

Es kann doch nicht sein, dass 2017 in Deutschland Meinungs-Roboter, möglicherweise vom Ausland gesteuert, den Wahlkampf über Facebook und Twitter dominieren. Der Nutzer meint, mit einer Partei bzw. ihrem Vertreter zu kommunizieren, stattdessen sitzen die Kandidaten zu Hause und die Maschinen verbreiten Meinungen und Falschnachrichten. Twitter selbst schätzt in seinem letzten Quartalsbericht 2016, dass fünf Prozent aller aktiven Nutzer Bots sind. Was wenig klingt, entspricht allerdings bei über 300 Millionen aktiven Nutzern pro Monat immer noch 15 Millionen Bots.

Mangels ausreichender Transparenz kann auch der eigentliche Urheber dieser Meinung nicht festgestellt werden. Steckt Putin dahinter? Lässt sich die AfD den Wahlkampf mit russischen Rubel finanzieren, wie es Marine le Pen in

Frankreich ungeniert tut? Wird Putin diese Möglichkeiten der Destabilisierung nutzen? Sollen die Parteien deshalb gleichziehen? Teufelswerkzeug für alle? Das hieße, Wahlkampf zu pervertieren. Ab in den Urlaub, die Meinungs-Maschinen werden es schon richten? Nein, das ist vollkommen ausgeschlossen. Aber was tun?

Eine effektive Antwort kann ein deutsches gesetzliches Verbot des generellen Einsatzes von Social Bots nicht sein, denn es würde angesichts der globalen Digitalisierung kaum etwas bewirken und leicht vom Ausland aus umgangen werden können. Totale Transparenz könnte helfen, damit der Empfänger erkennt, dass es sich um Social Bots und nicht wirklich um den Abgeordneten Müller oder Ministerin Maier handelt. Eine Verpflichtung zu Namens- und Bildangabe und zur Zahl der Follower kann Aufschluss geben, aber auch das kann manipuliert werden.

Demgegenüber kann der Versuch, dass sich alle Parteien darauf verständigen, Social Bots nicht einzusetzen, wirkungsvoller sein. Ich hoffe, dass das ein Weg sein wird und sich alle daran halten werden. Nur die AfD hat sich je nach Situation den Einsatz vorbehalten. Ein Vorgeschmack darauf, wie sie sich Wahlkampf vorstellt.

### Die Vereinnahmung des Internets

Mehr Demokratie im Internet ist das jedenfalls nicht. Natürlich bietet das Internet großartige Möglichkeiten der politischen Bildung, der demokratischen Selbstorganisation, des politischen Abwägens und Argumentierens. So genutzt, kann das Internet den demokratischen Willensbildungsprozess unterstützen. Eine derartige Nutzung ist aber sehr anspruchsvoll. Sie setzt Bildung voraus, eine Bildung, mit der man bereits an das Internet herantreten muss. Denn das Internet zeichnet sich durch Strukturlosigkeit aus. Alles steht gleichgewichtig nebeneinander: Fakten und Lügen, Wissen und Meinungen, Reales und Fiktives, Abgewogenes und Hasserfülltes. Der Nutzer muss selbst beurteilen, gewichten, strukturieren. Das überfordert viele.

Einfacher ist es da, sich den eigenen Vormeinungen und Ressentiments zu überlassen und Bestärkung in der Gruppe Gleichgesinnter zu suchen. Diese zu finden ist im Internet kein Problem, und so eröffnet die Technik die Möglichkeit, bösartige Emotionen durch den weltweiten Kontakt mit ähnlich Empfindenden zu potenzieren. Die im Internet verbreitete Anonymität tut ein Übriges, der Enthemmung Tür und Tor zu öffnen. Für das, was man denkt und in die Welt hinaustönt, muss man nicht persönlich einstehen.

Die frühe Utopie des herrschaftsfreien Paralleluniversums, mit der das Internet verbunden wurde, wurde von Unternehmen und Geheimdiensten vereinnahmt. Das Klicken auf einen Like it-Button ist noch nicht mehr Demokratie, sondern eine flüchtige, nicht nachhaltige oder nachwirkende Meinungsbekundung. Verschiedene Plattformen, die zur Abstimmung zu einem bestimmten Thema aufrufen, können zwar in kurzer Zeit viele Menschen erreichen, wie z.B. die Debatte zu TTIP gezeigt hat. Aber eine engere dauerhafte Bindung an politische Meinungsbildung, an Parteien, Wählergruppen oder Initiativen ist das noch nicht. Untersuchungen haben gezeigt, dass sich im Internetzeitalter nicht deutlich mehr Menschen zur Demokratie bekennen. Die jüngste Forsa-Umfrage 2016 zeigt, dass die Zustimmung zur Demokratie in Deutschland leicht zurückgeht, also das Gegenteil von dem, was manche prophezeit hatten.

Die ursprüngliche Erwartungshaltung, es werde mittels des allgegenwärtigen Internets und der einfachen Kommunikation und Informationsgewinnung mehr Beteiligung der Bürgerinnen und Bürger an demokratischer Willensbildung geben, hat sich nicht verwirklicht. Yvonne Hofstetter drückt es so aus: »Die neuen digitalen Technologien und Geschäftsmodelle gefährden die demokratische Gesellschaft.« Das Internet wurde als demokratischer Heilsbringer gefeiert. Heute gilt es als Vehikel von Populismus, Autoritarismus und Gleichgültigkeit und dient dem Rückzug in verkapselte Gemeinschaften.

Es muss deshalb für die Demokratie mehr getan werden. Den Vereinfachern und Populisten müssen die Demokraten entgegentreten. Wir lassen uns nicht von Lügen und Verfälschungen die Demokratie kaputt machen.

Genauso müssen wir alles tun, um die Rechte der Bürgerinnen und Bürger gegenüber der totalen Vernetzung und digitalen Ausbeutung zu verteidigen.

### Ethische Fragen

Wie wird sich die totale Vernetzung neben der totalen Überwachung auf das Verhalten des Einzelnen auswirken? Wie lange wird der Mensch noch die Macht über die Maschine behalten?

Maschinen werden in Zukunft Menschen pflegen, Autos autonom steuern, ärztliche Leistungen übernehmen. Roboter werden den Menschen immer näher kommen. Sie brauchen dann Regeln, die zu einem ethisch akzeptablen Verhalten führen. Wie verhält sich der Roboter, wenn die Pflegeperson sich weigert, ihre Tabletten zu nehmen? Soll er Zwang anwenden und damit die Autonomie der Pflegebedürftigen verletzen oder sie gewähren lassen und die Gefahr eines Schadens in Kauf nehmen? Da gibt es vielleicht speziell auf das Werteprofil des Nutzers zugeschnittene Programme, denn Dritte sind nicht betroffen. Das ist beim autonomen Autofahren anders. Da ändert sich zunächst grundsätzlich das Autofahren, das Auto wird zur rollenden Kommunikationszentrale, der Fahrer berührt das Lenkrad nicht, sondern arbeitet, liest einen Krimi oder schaut sich die Landschaft an. Er und das Auto produzieren eine Unmenge an Daten, an denen die Hersteller wie auch die digitalen Dienstanbieter großes Interesse haben. Deshalb muss es von Anfang an rechtliche und technische Regeln zur Durchsetzung des informationellen Selbstbestimmungsrechts geben, um unter anderem eine sehr weitgehende Profilbildung mit den vom rollenden Smartphone produzierten Daten zur Kommunikation, Fahrweise, Fahrtroute, genutzten Apps und sozialen Medien zu verhindern. Wann werden sie gelöscht, soll es eine generelle Einwilligung in ihre Verwendung mit dem Kauf oder Leasing des Autos geben, wo werden sie gespeichert, wie sicher sind sie vor Hacking? Was passiert mit den Daten bei Carsharing?

Weiter entsteht eine Vielzahl von Haftungsfragen. Da dem Fahrer keine Verantwortung beim kompletten pilotierten Fahren zukommt, müsste der Hersteller im Zuge der Produkthaftung zur Verantwortung gezogen werden. Was bedeutet das für die Versicherung? Wer hat Anspruch auf Herausgabe der Daten, z.B. im Fall eines Verkehrsunfalls, die zu Beweiszwecken benötigt werden?

Diese Fragen müssen jetzt geklärt und geregelt werden. Es braucht eine breite öffentliche Debatte. Und es eilt, wenn einige Autohersteller bereits in Kürze das erste autonome Auto vorstellen wollen.

Besonders schwerwiegend sind die ethischen Fragestellungen, auch wenn sie vielleicht nur in ganz wenigen Einzelfällen zum Tragen kommen. Menschliche Fahrer treffen Entscheidungen instinktiv. Sollen Computer diese übernehmen, brauchen sie Regeln. Die Entscheidung zwischen dem Kind und dem Behinderten, wie soll sie aussehen? Was soll der Computer selbst entscheiden können? Auch wenn es nur extreme Situationen betreffen mag, geht es um das Abwägen von Menschenleben. Das kann keine Maschine vornehmen. Es ist ein ethisches Dilemma, das nicht auflösbar ist. Und wie verändern sich unsere Moralvorstellungen, wenn moralische Entscheidungen an einen Computer delegiert werden?

Bevor es dazu keine ethisch und verfassungsrechtlich angemessene Lösung gibt, bevor die Sicherheit vor unberechtigtem Eingriff in die Software nicht extrem hoch ist, ist autonomes Fahren für die Allgemeinheit nicht verantwortbar.

Ich möchte dazu beitragen, dass die Strategie durchbrochen wird, erst einmal technische Fakten zu schaffen und sich dann um die rechtliche Gestaltung zu kümmern. Technik darf nicht Recht brechen und nicht allein das Recht bestimmen. Den Vorgaben der an Demokratie nicht zuerst interessierten IT-Datenkraken hinterherzulaufen, kann nicht die politische Strategie der Zukunft sein. Dazu sind die bevorstehenden Veränderungen zu umwälzend und greifen zu tief in die Rechte aller Bürgerinnen und Bürger ein.

Deshalb habe ich 2016 die Initiative für Digitale Grundrechte unterzeichnet, die die Debatte über die Gestaltung des digitalen Zeitalters erneut anstoßen will. Der Aufruf von 560 Schriftstellern und 5 Nobelpreisträgern zur Verteidigung der Demokratie im digitalen Zeitalter 2013 nach der Aufdeckung des NSA-Überwachungsskandals von Edward

Snowden war der erste Versuch, für die Würde des Menschen, seine Privatsphäre, seine Persönlichkeitsrechte und den Schutz seiner Daten öffentlich einzutreten. Heute ist die Dimension der Grundrechtsgefährdungen durch staatliche Sicherheitsbehörden und global agierende IT-Konzerne noch sichtbarer und größer geworden.

Es geht um unser Leben, um unsere Lebensqualität und um Verantwortung. Da gibt es keinen Menschenrechtsrabatt.

Mit Haltung, mit Überzeugung, mit Kompetenz und einem klaren Wertekompass werde ich für die Freiheitsrechte kämpfen. Und darum, dass viele mitmachen.

*Es steht viel auf dem Spiel.*

Vertrauen ist das höchste Gut, über das Politiker verfügen. Reißt dieses Band mit den Bürgerinnern und Bürgern und bringen sie einzelnen oder mehreren Politikern wegen deren Unberechenbarkeit, Wankelmütigkeit und durchsichtigem Taktieren kein Vertrauen mehr entgegen, dann schwächt das die demokratische Meinungsbildung. Findet diese Einschätzung immer größeren Zuspruch, führt das zu einer substantiellen Bedrohung der Demokratie. Diese Entwicklung kann nicht geleugnet werden.

Der erste Bundespräsident, der liberale Theodor Heuss, hat sich in seiner 10jährigen Amtszeit besonders für die Stärkung des Demokratieverständnisses in der jungen Bundesrepublik eingesetzt. Deutschland hat sich seitdem trotz zahlreicher Gefährdungen zu einer stabilen Demokratie entwickelt. Das darf im wiedervereinten Deutschland nicht zur Disposition gestellt. Gewalttätigen Rechtsextremen, dem

Aufhetzen und Schüren von Hass und islamistischem Terrorismus muss mit der Stärke des Rechtsstaats und der Durchsetzung des Rechts begegnet werden. Dem Misstrauen in die Politik und in Politiker, dem Verbreiten von Falschnachrichten oder Halbwahrheiten muss klare Haltung, Entschlossenheit zur Beseitigung von Missständen und Überzeugungskraft entgegengesetzt werden. Jetzt darf es keine Wankelmütigkeit und Versuche der inhaltlichen Annäherung an die Gegner der offenen Gesellschaft geben. Damit wird das Vertrauen in die Regierungspolitik und in die Politik generell nicht wieder hergestellt, sondern genau die gegenteilige Wirkung erzeugt.

Entlarven wir die eigentliche Absicht der nationalen Heilsrufer, die auf die Zerstörung der Europäischen Union und des auf den universellen Menschenrechten aufbauenden Respekts und des friedlichen Miteinanders zielt. Geben wir ihnen contra – mit Fakten und Empathie. Aber richtig! Es geht!

# Quellen und weiterführende Literatur


Thimothy Gardon Ash: *Redefreiheit, Prinzipien für eine vernetzte Welt*, München, Hanser 2016

Gerhart Baum, Burkhard Hirsch: *Der Baum und der Hirsch. Deutschland von seiner liberalen Seite*, Berlin, Propyläen 2016

Gerhart Baum: *Meine Wut ist jung*, München, Kösel 2012

Zygmunt Bauman und David Lyon: *Daten, Drohnen, Disziplin*, Berlin, Suhrkamp 2014

Pascal Beucker, Frank Überall: *Endstation Rücktritt*, Berlin, Econ 2006

Walter Euchner: *Naturrecht und Politik bei John Locke*, Berlin, Frankfurt a.M., Suhrkamp 1979

Udo di Fabio: *Die algorithmische Person*, Frankfurter Allgemeine Zeitung, 31.05.2016

Heinrich Heine: »Zur Geschichte der Religion und Philosophie in Deutschland – Die romantische Schule«, in: *Historisch kritische Gesamtausgabe*, Band 8/1, Hamburg, Hoffmann & Campe 1979

Yvonne Hofstetter: *Das Ende der Demokratie*, München, C. Bertelsmann 2016

Yvonne Hofstetter: *Sie wissen alles*, München, C. Bertelsmann 2014

Johanna Holzhauer/Agnes Steinbauer: *Frauen an der Macht. Profile prominenter Politikerinnen*, Köln, Eichborn 1994

Andrew Keen: *Das digitale Debakel*, München, DVA 2015

Wolfgang Kersting: *Thomas Hobbes zur Einführung*, Hamburg, Junius 2009

Jaron Lanier: *Wem gehört die Zukunft?*, Hamburg, Hoffmann und Campe, 2014

Sascha Lobo: »Die digitale Kränkung des Menschen«, *Frankfurter Allgemeine Sonntagszeitung*, 12. Januar 2014
Arno Luik: *Wer zum Teufel sind Sie nun?*, München, Antje Kunstmann 2009
Herbert Ernst Müller in: *Plädoyer für die Abschaffung des § 175* (Hg.: Tobias Brocher), Berlin, Suhrkamp 1967
Hans-Jürgen Papier: *Laudatio zur Verleihung des Max Friedlaender-Preises an Sabine Leutheusser-Schnarrenberger*, 24.11.2016
»Reuters Institute Digital Survey 2016«, Hinweis in: *Stuttgarter Nachrichten*, 11.11.2016
Rüdiger Safranski in: »Politischer Kitsch«. Interview: Rico Bantle, *Die Weltwoche*, Ausgabe 52/2015
Ferdinand von Schirach: *Terror*, München, Piper 2014
Peter Sloterdijk: »Es gibt keine moralische Pflicht zur Selbstzerstörung«, *Cicero* 02/2016
Peter Sloderdijk: *Was geschah im 20. Jahrhundert? Unterwegs zu einer Kritik der extremistischen Vernunft*, Berlin, Suhrkamp 2016
Dolf Sternberger: *Verfassungspatriotismus*, Berlin, Insel 1990
Joseph Weizenbaum: *Computermacht und Gesellschaft*, Berlin, Frankfurt a.M., Suhrkamp 2001
*Entscheidungssammlungen des Bundesverfassungsgerichts*

# Bildnachweis

S. 16, 32, 51 privat
S. 60 © Bundesregierung/Bernd Kühler
S. 76 Lehnartz
S. 113 © picture alliance/Foto: Martin Gerten
S. 125 Ernst M. Lang © Süddeutsche Zeitung
S 126 Bernd Bruns © Institut für Zeitgeschichte, München
S. 153 © Stern, Hamburg/Foto: Dieter Bauer
S. 187 © Martina Thierkopf, Berlin
S. 192 © Martina Thierkopf, Berlin
S. 194 Europäisches Parlament

Trotz intensiver Recherche ist es uns nicht gelungen, alle Rechteinhaber ausfindig zu machen. Für weiterführende Hinweise sind wir dankbar.